¿Cómo generar estado de flujo (*flow*) en las redes sociales? El caso de Facebook, Instagram, YouTube y Twitter

Ana Belén Mera Gallego / José Ángel López Sánchez /
Luis R. Murillo Zamorano

¿Cómo generar estado de flujo (*flow*) en las redes sociales? El caso de Facebook, Instagram, YouTube y Twitter

PETER LANG

**Bibliographic Information published by the
Deutsche Nationalbibliothek**
The Deutsche Nationalbibliothek lists this publication in the Deutsche
Nationalbibliografie; detailed bibliographic data is available online at
http://dnb.d-nb.de.

Cover illustration: © Deagreez/istockphoto.com

ISBN 978-3-631-83683-5 (Print)
E-ISBN 978-3-631-83684-2 (E-PDF)
E-ISBN 978-3-631-83685-9 (EPUB)
E-ISBN 978-3-631-83686-6 (MOBI)
DOI 10.3726/b17645

© Peter Lang GmbH
Internationaler Verlag der Wissenschaften
Berlin 2020
All rights reserved.

Peter Lang – Berlin · Bern · Bruxelles · New York · Oxford · Warszawa · Wien

This publication has been peer reviewed.

www.peterlang.com

Resumen: Durante los últimos años, se han hecho múltiples investigaciones sobre estado de flujo (*flow*), todas ellas de muy diversa naturaleza, dada la versatilidad del concepto para ser aplicado a distintos contextos. Lo que se pretende con el presente trabajo es contribuir y ampliar la literatura sobre estado de flujo en la esfera *online*, más concretamente, en el ámbito de las redes sociales; buscando así que las marcas contemplen este constructo en sus estrategias de marketing digital. Para ello, en primer lugar, se establece un marco teórico en el que definimos y describimos los aspectos más importantes del estado de flujo. Posteriormente, ahondamos en las características de dicho fenómeno pero esta vez aplicado al entorno virtual, y lo relacionamos con términos propios de la disciplina comercial. Por último, y a modo de estudio empírico del que extraer conclusiones prácticas, se realiza un análisis estadístico para conocer la percepción de los individuos acerca de las experiencias óptimas que ofrecen las distintas redes sociales.

Palabras clave: Estado de flujo, contexto en línea, redes sociales, comportamiento del consumidor, *engagement*, estrategia de marketing.

ÍNDICE GENERAL

ÍNDICE DE TABLAS

ÍNDICE DE FIGURAS

CAPÍTULO 1.
INTRODUCCIÓN

CAPÍTULO 1. INTRODUCCIÓN

1.1. Justificación de la investigación

El término fluir (*flow*) o experiencia óptima surgió a partir de las descripciones y testimonios que ofrecían ciertas personas acerca de las vivencias positivas que experimentaban al involucrarse en determinadas actividades, hasta tal punto en que nada más parecía interesarles. Gracias a esta implicación, el individuo logra centrar toda su atención al servicio de cumplir un objetivo que es compatible con sus habilidades, siendo la actividad regulada por normas que brindan una retroalimentación inmediata sobre el desempeño (Csikszentmihalyi y Csikszentmihalyi, 1998). En este tipo de situaciones, los sujetos tienen la sensación de poseer el control sobre las propias acciones y sobre el entorno inmediato que les rodea; y son absorbidos por la actividad, produciéndose una pérdida de la noción del tiempo y de la conciencia de sí mismos como seres diferenciados de la tarea que está siendo llevada a cabo. Este estado psicológico se define por un profundo sentimiento de disfrute; la actividad produce sensaciones tan agradables, confortables y gratificantes que las personas se involucran por motivación intrínseca y están dispuestas a realizarla aunque ello les suponga un gran coste. La experiencia, constituye por definición, una recompensa en sí misma (Csikszentmihalyi y Csikszentmihalyi, 1998).

El constructo de *flow* se anida en los cimientos conceptuales de la psicología positiva, disciplina consistente en el estudio científico de las experiencias positivas, de los rasgos individuales positivos, de las instituciones que facilitan su desarrollo y de los programas que ayudan a mejorar la calidad de vida y a aumentar la autoestima de los individuos (Seligman y Csikszentmihalyi, 2000). La psicología positiva reflexiona sobre lo que verdaderamente tiene valor y cómo contribuir a vivir una vida plena. Este nuevo enfoque propone un cambio de mirada desde la psicopatología hacia la salutogénesis: dejamos a un lado el estudio de los factores que causan enfermedades o trastornos mentales para centrarnos en aquellas características de las personas y de sus entornos que promueven el bienestar y la satisfacción vital. Es precisamente en este contexto de las experiencias positivas donde cobra importancia el concepto de estado de flujo (*flow*).

Los autores sostienen que el estado de flujo es un fenómeno universal: puede ser experimentado por todas las personas independientemente de su edad, sexo, cultura o nivel económico. Además, ha sido corroborado en una gran variedad de contextos (tanto presenciales como digitales), como pueden ser, por ejemplo, el trabajo, la educación, el ocio y tiempo libre o los deportes (Jackson y Marsh, 1996). Otro de los ámbitos en los que se puede experimentar flujo, y que merece ser destacado aparte porque sobre él versará la mayor parte del presente trabajo, es el de Internet, y más específicamente, el de la *social media*.

Fruto de las amplias posibilidades de negocio que ofrece Internet, los profesionales de marketing se esfuerzan por comprender los principios que subyacen en el comportamiento del consumidor en línea. Para ello suelen recurrir al análisis de dicha conducta en los medios convencionales, sin olvidar que han surgido nuevos elementos aplicables a los entornos virtuales, entre los que se encuentra el concepto de flujo, el cual puede acarrear consecuencias muy positivas en la conducta de los consumidores.

Una vez introducido el concepto, su origen y aplicaciones, a continuación resumiremos las razones por las que se decidió indagar en esta temática.

A pesar de datar de hace más de cuatro décadas, el estado de flujo puede ser considerado un constructo joven al que se le puede sacar aún mucho partido, por encontrarse en la actualidad relativamente poco explotado y por estar presente en la realización de múltiples actividades. De hecho, aunque el término *flow* sea poco conocido, seguro que todos lo hemos experimentado en alguna ocasión.

Su estudio resulta muy interesante, en tanto que se trata de un constructo íntimamente relacionado con las teorías de la motivación. Gracias al conocimiento de las características que ha de tener una actividad para permitirnos entrar en estado de flujo, se podrían obtener resultados deseables. Un claro ejemplo de ello, como veremos a lo largo del tercer capítulo, son los beneficios obtenidos por las empresas u organizaciones con presencia online que se esfuerzan por brindar experiencias óptimas durante la navegación y compra en línea a través de sus respectivos sitios web, consiguiendo despertar el interés de los sujetos, propiciar actitudes favorables hacia la marca e incluso aumentar las ventas, en el mejor de los casos.

1.2. Objeto y planteamiento general de la investigación

A lo largo del presente trabajo centraremos la atención en el estudio del estado de flujo en las redes sociales desde la óptica de la comercialización e investigación de mercados y del comportamiento humano.

Con este enfoque interdisciplinario, se hará una revisión bibliográfica, la propuesta de un marco teórico, y la exploración de su efecto en el ámbito de la *social media*, buscando así contribuir a la literatura e identificando las principales implicaciones que se derivan para la gestión.

Para lograr los objetivos propuestos, seguiremos la siguiente estructura: en el desarrollo del segundo capítulo realizaremos una primera aproximación al concepto de flujo. Analizaremos las dimensiones que lo componen y los beneficios y problemas que supone entrar en este estado. Además, describiremos varios modelos teóricos formulados por distintos autores que explican las condiciones necesarias para el surgimiento de las experiencias óptimas.

En el tercer capítulo nos centraremos en el estado de flujo en línea, aplicando el concepto a entornos virtuales y no a entornos presenciales como ya ocurriera en el capítulo anterior. Para ello, igualmente, estableceremos las dimensiones propias del *flow online*, dedicaremos un apartado al comportamiento del consumidor en el contexto digital, y como último punto de este capítulo, pero no por ello menos importante, puesto que es el epígrafe que da nombre al trabajo completo, daremos pinceladas de teoría sobre el estado de flujo en redes sociales, teoría que complementaremos en el cuarto capítulo con un caso práctico. Para finalizar, en el quinto capítulo extraeremos una serie de conclusiones

Como se puede apreciar, la presente investigación sigue una secuencia de embudo, con una estructura que va de lo más general a lo más particular, empezando por contextualizar el flujo en entornos presenciales o físicos, siguiendo por la aplicación de este fenómeno a entornos virtuales o digitales y culminando con el estudio del estado de flujo en las redes sociales, las cuales constituyen un potente instrumento de comunicación perteneciente a la era digital.

Aparte de los cuatro capítulos descritos, y como la gran mayoría de los estudios de esta índole, este libro comienza con un capítulo introductorio en el que se justifica la elección del tema que se va a tratar, se delimita el objeto de estudio y se hace un planteamiento general de la investigación. Además, cuenta con un resumen inicial, cinco palabras clave, y una serie de referencias bibliográficas citadas conforme a las normas APA.

En cuanto a la metodología empleada, el presente estudio constará de dos fases claramente diferenciadas: la primera, de carácter eminentemente exploratorio, consistirá en la revisión de fuentes bibliográficas y hemerográficas. Básicamente, se realizará una investigación documental con el objetivo de definir y contextualizar el fenómeno del *flow*, para lo que se procederá a la consulta y cotejo de información secundaria (artículos, estudios, e informes ya existentes, entre otras fuentes), extraída principalmente de "Google Académico", y de bases de datos a las que se ha tenido acceso a través de la plataforma de la biblioteca virtual de la Universidad de Extremadura. Dichas labores de búsqueda se llevarán a cabo a través de Internet, ya que es el medio en el que se han realizado un mayor número de publicaciones relacionadas con esta temática, debido a su carácter novedoso y tecnológico. Esta primera fase abarca todo lo que es el marco teórico del estado de flujo (tanto en entornos físicos como virtuales, donde se enmarcan la *social media*), es decir, hasta el capítulo 3 inclusive.

En la segunda parte, que es la que respecta al Capítulo 4, se hará un pequeño análisis descriptivo complementado con una Prueba T de Diferencia de Medias para Muestras Relacionadas, a partir de la aplicación de técnicas cuantitativas de obtención de información primaria. Para hacer este análisis nos serviremos de un cuestionario efectuado por una muestra de la población objeto de estudio, el cual arrojará una serie de resultados acerca del estado de flujo generado en redes sociales, resultados que posteriormente serán procesados estadísticamente con el programa SPSS e interpretados con objeto de extraer conclusiones finales.

CAPÍTULO 2.

LA EXPERIENCIA DE FLUJO

CAPÍTULO 2. LA EXPERIENCIA DE FLUJO

2.1. Aproximación al concepto de flujo

La teoría de flujo podría enmarcarse dentro del ámbito de la psicología positiva, rama que estudia científicamente las bases del funcionamiento humano óptimo, el bienestar psicológico y la felicidad, así como las virtudes y fortalezas humanas (Sheldon y King, 2001). No obstante, la idea de flujo (o *flow* en inglés) no es nueva, ya que el constructo de "flujo psicológico" surge bajo el amparo de las Teorías Humanistas (Maslow, 1943, 1968; Rogers, 1961) y se relaciona con la motivación humana.

Esta teoría ha cobrado importancia en los últimos años porque supone una mejora de la calidad de vida del individuo. La sensación de vivir una vida complaciente representa un estado psíquico importante y subjetivo, relacionado directamente con el bienestar psicológico (Csikszentmihalyi, 2005).

En línea con el párrafo anterior, las experiencias placenteras y los sentimientos provocados por éstas, son calificados como "la clave de la existencia", ya que mejoran el estado de bienestar subjetivo del individuo y contribuyen a la obtención de satisfacción ante la propia vida. Si esas sensaciones positivas derivadas de las experiencias no estuvieran presentes en el transcurso del ciclo vital, la existencia carecería de significado (Csikszentmihalyi, 1982). La premisa básica que subyace, por tanto, en la teoría del *flow*, es la siguiente: las experiencias y sensaciones placenteras se configuran como la principal fuente de motivación en la vida. A raíz de dicha argumentación, se podría considerar la teoría de flujo como la teoría más importante de la felicidad (Csikszentmihalyi, 2005).

El concepto de *flow* fue acuñado por el psicólogo norteamericano Mihaly Csikszentmihalyi, a mitad de la década de los 70, y a partir de entonces, se ha difundido extensamente en diferentes campos (Abdón, 2014). Desde sus orígenes, se empleó para describir los sentimientos más positivos experimentados por los seres humanos (Csikszentmihalyi, 1975).

El *flow* se puede entender como aquel estado mental operativo a través del cual el individuo se encuentra completamente centrado e inmerso en una actividad para su propio placer y disfrute, durante la cual el tiempo parece transcurrir rápidamente y las acciones, pensamientos y movimientos se suceden sin pausa (Csikszentmihalyi, 1990). Se caracteriza por un sentimiento de enfoque de energía, de total concentración en la tarea, y de éxito en la ejecución de la actividad (Csikszentmihalyi, 1975). Es ese instante en el que la persona está absorta en la actividad y los pensamientos y percepciones irrelevantes desaparecen (Chen, 2006)

Otra definición que ofrece Csikszentmihalyi (1996, p 86) es la de "experiencia óptima extremadamente disfrutada en la que se experimenta total concentración y disfrute con un alto interés por la actividad". Estas definiciones tienen tres elementos en común: absorción, concentración plena en la tarea, disfrute y motivación intrínseca (Bakker, 2005)

Durante el estado de flujo o experiencia óptima, los sujetos se implican totalmente en la actividad, ya que si bien los desafíos son superiores a la media, las metas son claras y el individuo recibe la retroalimentación precisa (Csikszentmihalyi, 1998). En esta inmersión, el individuo se evade de sus preocupaciones y distracciones para centrarse exclusivamente en el desarrollo de la actividad, la cual viene motivada por el bienestar psicológico que provoca su realización (Moneta y Csikszentmihalyi, 1996). La experiencia por sí sola es tan confortable que las personas la realizan aunque llevarla a cabo suponga un gran coste (Csikszentmihalyi, 2013).

Inicialmente, Csikszentmihalyi (1982) se centró en analizar las características de los individuos que cada vez disfrutaban más de sí mismas al realizar una actividad, y las razones por las cuales se producía esta sensación. Las primeras investigaciones fueron llevadas a cabo con músicos, jugadores de baloncesto, cirujanos, maestros y hombres de negocios, ya que eran perfiles que realizaban tareas en el ejercicio de sus profesiones que parecían apasionarles y motivarles intrínsecamente (Rodríguez et. al, 2008). Con posterioridad, sus indagaciones se extendieron a personas de distintas edades, culturas y trabajos, descubriendo que la experiencia óptima también se daba en ellas, por lo que dedujo que el estado de flujo no era una peculiaridad exclusiva de las personas pertenecientes a la clase social alta (Csikszentmihalyi, 2013).

El estado de flujo posee un carácter cotidiano y forma parte de la existencia humana, por lo que representa un pilar fundamental en el transcurso del ciclo vital, y está presente en gran parte de las labores que desempeñamos a diario: trabajo, relaciones entre iguales, deporte y ocio, entre otras (Csikszentmihalyi y Csikszentmihalyi, 1998).

Pese a ello, en el ámbito intercultural, las acciones que pueden activar el estado de flujo pueden variar (Filep, 2007). En un artículo co-escrito con el investigador japonés Kiyoshi Asakawa, Csikszentmihalyi (2016) hace énfasis de nuevo en que el *flow* es un estado identificado en diversas culturas del mundo e interpretado de múltiples formas, pero siempre con una serie de elementos comunes. Tras los primeros artículos publicados al respecto en revistas de psicología en la década de los 60, Csikszentmihalyi recibió varias cartas de conocidos filósofos de diferentes países, sobre todo asiáticos, describiendo estados similares que se identificaban en sus respectivas culturas. Csikszentmihalyi (2016) considera que estas diferencias interculturales han de ser estudiadas y comparadas, pero afirma que eran de esperar. Además, apunta que no presentarían problema teórico alguno mientras que la experiencia que conduzca al estado de flujo sea fenomenológicamente equivalente a través de las variaciones locales.

De acuerdo con Calero e Injoque-Ricle (2013), el concepto de experiencia óptima o estado de flujo ha sido aplicado a distintos ámbitos. Se han llevado a cabo investigaciones en actividades tales como el **deporte** (García et al, 2005; Jackson y Marsh, 1996; Jackson et al, 1998; Moreno et al, 2005; Moreno et al, 2008), el **arte** (Bakker, 2005; Fritz y Avsec, 2007; Roberts et al, 2005), el **trabajo** (Csikszentmihalyi y LeFevre, 1989; Chu, 2010; Leibovich, 2009; Salanova et al, 2006; Salanova et al, 2005), **actividades escolares** (Csikszentmihalyi y Larson, 1984; Shernoff et al, 2003) y **actividades utilizando tecnologías de informática y comunicación –TIC´s-** (Finneran y Zhang, 2005; Ghani y Deshpande, 1994; Rodríguez-Sánchez et al, 2008), entre otras. A su vez, esta variable ha sido relacionado con otros conceptos relevantes en el campo de la psicología, como son el **autoconcepto** (Jackson et al, 2001), la **motivación** (Keller, 2008; Martin et al., 2010; Moreno et al., 2005; Seifert y Hedderson, 2010) y la **ansiedad** (López et al, 2007).

2.2. Dimensiones de una experiencia de flujo

Csikszentmihalyi (1990, 1993, 1996, 2005) identifica la existencia de nueve dimensiones o componentes del *flow*, que lo caracterizan y que se activan al experimentar dicho estado:

1) Existencia de metas claras

Permite a la persona una fuerte sensación de qué es lo que se quiere conseguir con la tarea. Cuando un individuo tiene un objetivo claramente definido, focaliza su energía hacia ese objetivo y acaba centrando toda su capacidad en realizar la acción (Calero e Injoque-Ricle, 2013). Las metas claras constituyen un pilar fundamental para la concentración en el estado de flujo. Tal y como Csikszentmihalyi (1998) apunta, resulta difícil centrarse en una actividad sin saber qué o cómo debe hacerse.

La concentración y las habilidades personales aflorarán cuando se está realizando una actividad que promueve el logro de los objetivos del individuo. Cuando un sujeto desempeña una tarea dirigida a alcanzar una de sus metas, se concentrará y utilizará toda su energía y capacidad para llevarla a cabo.

La existencia de metas claras va ligada a la motivación para realizar una acción que active el estado de flujo. Las metas son bloques que construyen la motivación (Jackson y Csikszentmihalyi, 1999). Por lo tanto, aprender a fijar una meta adecuada ayuda a mantener los niveles de motivación apropiados (Jackson y Csikszentmihalyi, 1999).

2) Necesidad de retroalimentación inmediata

A fin de que el estado de flujo sea activado, será necesario que la actividad brinde una retroalimentación inmediata que le permita al individuo saber que se está logrando su objetivo (Csikszentmihalyi, 2013). Gracias a esa retroalimentación, la persona obtendrá una mayor motivación para concentrarse en la realización de la actividad. La retroalimentación, la evaluación y la reevaluación condicionan la acción como exitosa: constituyen un factor clave para lograr el triunfo, saber que todo va bien y tener la sensación de ir por el camino correcto. La retroalimentación se encuentra estrechamente relacionada con la dimensión anterior: la comunicación constante consigo mismo provoca que se tenga un firme dominio de la tarea y orientación a las metas. A su vez, si una persona tiene claras cuáles son sus metas, es bastante probable que realice la actividad de forma apropiada para lograr sus objetivos (Torres et al., 2012).

Aquellos individuos que realizan una labor creativa, a pesar de que su entorno y la sociedad se muestren indiferentes, son personas capaces de recibir una auto-retroalimentación y darse a sí mismos información del resultado de su trabajo, sin esperar a los expertos (Csikszentmihalyi, 2005).

3) **Habilidades personales ajustadas a los retos**

Esta tercera dimensión hace referencia a la relación que existe entre el reto planteado y las habilidades que posee el individuo. En toda experiencia de flujo resultan esenciales tanto el grado de desafío que supone la actividad, como las habilidades de las que se dispone para superarlo. En el ámbito del estado de flujo, los individuos perciben que las habilidades propias están ajustadas correctamente a los retos. Csikszentmihalyi (2013) afirma que las experiencias de flujo se generan durante la realización de actividades con retos de carácter medio-alto. Por otra parte, el estado de flujo se activará si las personas disponen de habilidades medias-altas para superar los desafíos.

El *flow* es un estado mental en el que el individuo se siente cognitivamente motivado, feliz y eficiente. Si los retos y habilidades se perciben como bajos, la persona puede experimentar apatía o aburrimiento y la calidad de la experiencia disminuirá. Por el contrario, si los desafíos se perciben superiores a las habilidades, el sujeto experimentará ansiedad o estrés (Jackson y Csikszentmihalyi, 1999). El estado de flujo se basa, por tanto, en la armonía entre retos y habilidades, la cual proporcionará al individuo una calidad general de la experiencia alta (Jackson y Csikszentmihalyi, 1999).

En definitiva, el *flow* emerge en momentos de equilibrio entre competencias personales y retos. Ocurre cuando la habilidad percibida está a un nivel apropiado para adaptarse a las exigencias de la situación, que están por encima del común o promedio del sujeto. La sintonía entre desafíos y habilidades a un nivel mediano-alto de complejidad es un medio para conseguir el crecimiento personal (Csikszentmihalyi y Larson, 1984).

4) **Concentración en la actividad**

A lo largo del transcurso de la vida cotidiana, hay una diferenciación entre la persona (el "yo") y la actividad que realiza. En contraposición, cuando un individuo activa el estado de flujo, se da una absorción absoluta. La diferenciación entre el "yo" y la actividad es prácticamente inexistente. La concentración y la desaparición de la figura del "yo" en una experiencia de flujo es lo que Csikszentmihalyi denomina "éxtasis". En otras palabras, la concentración permite que nada pueda desviar el foco de la persona sobre la tarea que está realizando (Calero e Injoque-Ricle, 2013)

Se afirma que "la concentración en la tarea encomendada es el rasgo más característico de estar fluyendo" (Jackson y Csikszentmihalyi, 2002, p.154). En cambio, lograr una concentración absoluta no es ni fácil, ni sencillo, sino todo lo contrario: "saber cómo concentrarse y mantener ese estado durante el desempeño de una actividad es todo un desafío mental" (Jackson y Csikszentmihalyi, 2002, p.154). Es importante desechar todos los pensamientos, sensaciones y/o emociones que distraigan al individuo o perturben su ejecución.

5) Unión de acción y conciencia

En un estado normal, la conciencia y las acciones suelen permanecer separadas la mayor parte del tiempo. Durante el estado de flujo, la atención va enfocada hacia una acción concreta; es decir, hay una confluencia entre acción y conciencia. Ambas se unifican para realizar una actividad determinada.

La acción se vuelve espontánea y se traduce en casi automática, fundiéndose la conciencia con el propósito de realizar una tarea y, a su vez, para equilibrar las habilidades personales al desafío de la actividad (Quinn, 2005).

En este contexto, se refiere al gozo que le puede brindar a una persona la capacidad para dirigir su atención, y concentrarse única y exclusivamente en la tarea que está desempeñando (Csikszentmihalyi, 2013), de tal forma que se experimenta un gran disfrute justo en el momento en que ambas dimensiones se fusionan: la persona se hace uno con sus acciones.

"Cuando se llega a esta fusión entre acción y atención, la experiencia cambia y en lugar de que la mente mire al cuerpo desde fuera, la mente y el cuerpo se funden en uno..., (además)...esta unidad con el movimiento no requiere esfuerzo en la fluencia" (Jackson y Csikszentmihalyi, 2002, p 36).

6) Control potencial

Los teóricos del *flow* perciben la sensación de control potencial como un elemento crucial en la experiencia (Keller y Blomann, 2008). Cuando un individuo entra en estado de flujo, el equilibrio entre destrezas y desafíos provoca un sentimiento de control potencial que se traducirá en la inexistencia de miedo al fracaso, a las posibles consecuencias y a los accidentes, entre otros. En ese instante, el individuo tiene la convicción de poseer el control absoluto de la situación.

Si el reto está en sintonía con las habilidades personales, aparecerá el sentimiento de placer y de control potencial ante la actividad. Sin embargo, si el reto es complejo, el control potencial desaparecerá y surgirá un sentimiento de frustración.

El control potencial está presente en todas las actividades que provocan la aparición del *flow*: "Los escaladores, por ejemplo, insisten en que sus lisas paredes son más seguras que las calles de Chicago, dado que en la cara de la roca pueden prever con exactitud cualquier eventualidad, mientras que al cruzar una calle de Chicago se encuentran a merced del destino" (Csikszentmihalyi, 1998, p 46).

7) Pérdida de autoconciencia

Cuando el estado de flujo se activa, la conciencia propia, también conocida como autoconciencia, se desvanece. Esto ocurre porque la atención está focalizada en la actividad que propulsa la experiencia *flow*. En particular, toda la energía física y psíquica está involucrada en la realización de la tarea. De este modo, el ego, y con él, la preocupación por la propia imagen o por la opinión de los demás desaparecen, ya que, en esas circunstancias, la noción de la personalidad se escapa de la conciencia de las personas, dando paso a una sensación muy agradable (Calero e Injoque-Ricle, 2013). "La fluencia libera al individuo de la influencia limitadora de la preocupación y de la duda sobre su própio ser" (Jackson y Csikszentmihalyi, 2002, p 48).

Podría entenderse que la pérdida de autoconciencia se deriva del profundo estado de concentración, relacionado también con la fusión acción-atención, y la retroalimentación sin ambigüedades a los que se llega durante el rendimiento, que conjuntamente hacen que el individuo deje de preocuparse por sí mismo y se implique totalmente en la tarea. Esto se traduce en el hecho de que esta dimensión no pueda aparecer antes de las anteriores o de forma aislada (López, 2006).

8) Percepción alterada del espacio temporal

Lo más habitual es que, durante las experiencias de flujo, el tiempo se vea acelerado. No obstante, aunque con menor frecuencia, también se pueden dar casos en los que el tiempo se ralentice. En el estado de *flow* las horas pueden parecer minutos, mientras que en otras situaciones, los segundos pueden eternizarse y parecer que han pasado horas. "El reloj no constituye un medio válido para medir la calidad temporal de la experiencia de flujo" (Csikszentmihalyi, 1998). En pocas palabras, el tiempo parece pasar a un ritmo diferente al ordinario.

A pesar de aceptar que esta percepción subjetiva del tiempo es una de las características de la concentración total, aún no está claro si estos cambios contribuyen a que la experiencia sea positiva, o si solamente se trata de un fenómeno accesorio derivado del alto grado de concentración experimentado en la actividad que se está realizando. Por este motivo, se ha llegado a considerar que éste no es uno de los elementos más relevantes del disfrute (Csikszentmihalyi, 2013)

Se puede señalar que este componente del *flow* es similar a la pérdida de la conciencia de uno mismo, en tanto que su condición es más de tipo psicológico, como en que son una especie de consecuencia agregada e inesperada del resto de dimensiones (López, 2006).

9) **La experiencia se convierte en autotélica**

La novena y última dimensión que apunta Csikszentmihalyi (1990, 1993, 1996, 2005), hace referencia a la actividad como un fin en sí misma. La cualidad de esta experiencia la convierte en autotélica, o motivada de forma intrínseca. Esto hace referencia a una actividad que se realiza no por conseguir algún beneficio, sino simplemente porque hacerla, en sí, es la recompensa. Autotélico es una palabra compuesta por dos raíces griegas: auto (yo) y telos (meta). Una actividad autotélica es aquella que hacemos por porque vivirla es nuestra principal meta. Por ejemplo, si jugáramos una partida de ajedrez por el simple hecho de disfrutar de la partida, ésta sería una experiencia autotélica; en cambio, si lo hiciésemos por dinero o por alcanzar una determinada posición en la clasificación mundial de ajedrez porque hubiera un premio en juego, la misma partida pasaría a ser exotélica, o dicho de otra forma, motivada extrínsecamente por un objetivo externo. Aplicada a la personalidad, la expresión *autotélica* designa a una persona que hace las cosas por sí misma, y no para conseguir un objetivo externo (Csikszentmihalyi, 1975).

Veamos otros dos ejemplos para que quede más claro el concepto: "El montañero no escala para alcanzar la cumbre de la montaña, pero trata de alcanzarla con el único propósito de escalar. La meta no es una mera excusa para posibilitar la experiencia. Incluso los cirujanos reconocen que lo que les fascina de su trabajo no es tener la oportunidad de curar pacientes, ni el dinero, ni el prestigio, sino la fascinación de la difícil tarea que deben ejecutar" (Csikszentmihalyi, 1998, p.146).

El constructo autotélico de la personalidad se operativiza con el tipo de respuestas que el individuo da a los retos, y con las destrezas con las que superan las actividades diarias. Los individuos autotélicos se caracterizan por ser autónomos e independientes, ya que no pueden ser manipulados o persuadidos con amenazas ni recompensas externas (posesiones materiales, poder, fama y comodidad, entre otras.), pues consideran que gran parte de las actividades que realizan ya son gratificantes en sí mismas. Estas personas experimentan el estado de flujo, por ejemplo, en el trabajo, en comidas familiares, estableciendo vínculos sociales, realizando actividades de forma solitaria. Son personas que no buscan gratificaciones externas, ni hacen las cosas por interés, sino por el mero placer de hacerlas; se encuentran comprometidos con todo aquello que les rodea porque están totalmente implicados en la corriente de la vida (Csikszentmihalyi, 1998).

Aunque la mayoría de las investigaciones sobre *flow* se han basado en las nueve dimensiones que acabamos de describir, éstas también han sido abordadas de forma distinta por otros autores. Privette (1983) determinó el estado de flujo con un número mayor de componentes como son: a) unión con el mundo, b) diversión, c) un nivel elevado de comportamiento, d) un nivel elevado de disfrute, e) actividades estructuradas y planificadas, f) sentido del juego, g) pérdida del sentido del tiempo, h) ausencia del ego, i) motivación intrínseca, j) experiencia autotélica, k) sociable y afectuoso.

Chen et al. (1999), y más tarde apoyado por Salanova et al. (2005), apuntan que el proceso de *flow* se caracteriza por tres dimensiones o estados principales que se describen a continuación: en primer lugar, una serie de antecedentes referidos a las percepciones de metas y retos claros, de retroalimentación inmediata y la oportunidad de actuar percibiendo capacidades y habilidades ajustadas para la acción. En segundo lugar, la experiencia que se caracteriza por la fusión entre conocimientos y acción, concentración y alto sentido de control. Por último, los efectos consistentes en la pérdida de la conciencia de sí mismo y la distorsión temporal. En línea con estas tres dimensiones, Rodríguez et al. (2003) hacen operativo el flujo en tres factores: competencia percibida, absorción y motivación intrínseca. Entendiendo competencia percibida como "la percepción de contar con el conjunto de habilidades, conocimientos y competencias necesarias para desarrollar cualquier tipo de actividad"; la absorción como un "estado de concentración intensa que experimenta el individuo focalizándola hacia una actividad específica que está realizando en ese momento"; y la motivación intrínseca como "el valor por sí mismo que tiene una actividad" (Rodríguez et al. 2003, p 53).

Partiendo de todas estas dimensiones, Mesurado (2008) propone dos factores de experiencia óptima: la calidad afectiva, que se traduce en los altos niveles de concentración y atención enfocada; y la activación cognitiva, que son los sentimientos gratificantes ante la tarea a desarrollar.

Estos componentes o indicadores nos proporcionan una imagen del concepto y la estructura del *flow* desde diferentes percepciones y estudios realizados, lo cual amplia el conocimiento y facilita la comprensión de éste (Camacho et al., 2011).

2.3. Beneficios y problemas del estado de flujo

El estado de flujo otorga a los individuos bienestar porque se trata de un estado motivacional óptimo y deseable (Csikszentmihalyi, 2005). La posibilidad de disfrutar de este tipo de experiencias y ser capaces de entrar en un estado de flujo, nos permite crecer y desarrollarnos a nivel personal, a medida que vamos superando y consiguiendo nuestros objetivos, incrementando con ello nuestra capacidad emocional y cognitiva.

El estado de flujo nos permite hacer más cosas con menos, ser más productivos y dar lo mejor de nosotros en cada momento. Asimismo, nos aporta experiencias positivas y de satisfacción plena; contribuye a aumentar la motivación interna, el nivel de aprendizaje y a potenciar las fortalezas; además de ayudar a reducir la ansiedad y a elevar la autoestima, y por consiguiente, la felicidad. Una felicidad difícilmente alcanzable con otras experiencias que requieran un menor o ningún esfuerzo.

El ser humano necesita complementar su vida con algo que le suponga logro y esfuerzo. Es esta la razón por la cual, cuando consigues algo que implicó dedicar tiempo y concentración, obtienes una sensación de control y autorrealización difícilmente comparable con las sensaciones provocadas por otras actividades que proporcionan un placer inmediato, pero efímero. Las investigaciones centradas en el estudio del estado de *flow* lo asocian a resultados óptimos (Schüler y Nakamura, 2013). Este estado mental se acompaña de un conjunto de emociones positivas y de auto-recompensa (Voiskounsky y Smyslova, 2003). Sin embargo, a pesar de entrañar múltiples beneficios como se acaba de indicar, el *flow* también posee un lado negativo. En particular, según Csikszenmihalyi (2013), existen una serie de obstáculos que impiden entrar en estado de flujo:

1) Las personas con un alto **sentido del ridículo,** es decir, aquellas que están constantemente preocupadas y pendientes de no tener un comportamiento inadecuado en un momento determinado o que pueda causar molestia o risas por parte de los demás, difícilmente experimentarán el flujo (Csikszentmihalyi, 2013).

2) Por otra parte, tenemos a las personas **egoístas,** que organizan su conciencia en función de sus propios intereses o propósitos, no permitiendo hechos que no se basen en los mismos (Csikszentmihalyi, 2013).

3) La atención es una herramienta imprescindible, ya que nos permite centrarnos en lo más importante, dejar de atendernos a nosotros mismos y poder concentrarnos en la tarea que estemos realizado, haciéndonos sentir más útiles y autorrealizados, enriqueciendo la experiencia óptima. Derivado de esta idea, cualquier **alteración en la atención** impedirá que las personas puedan alcanzar el *flow*.

A estas obstáculos se añaden ciertos estados de patología social como son la alienación y la anomia (Csikszentmihalyi, 2013).

1) La **alienación:** básicamente, se define como la pérdida del sentimiento de la propia identidad. Se trata de una situación en la que las personas se ven en la obligación, presionadas por la sociedad, de realizar actuaciones contrarias a sus propósitos. Cuando una persona sufre de alienación, el problema reside en que no puede invertir su energía psíquica en lo que realmente le gusta (Csikszentmihalyi, 2013).

2) La **anomia**: concepto introducido por Emile Durkheim, uno de los fundadores de la sociología moderna (López, 2009). La anomia podría definirse como el estado de desorganización social o aislamiento del individuo, derivado de la falta de normas sociales, de su degradación o incongruencia, por lo que la conducta se convierte en algo sin sentido. Cuando una persona tiene anomia, es complicado que consiga fluir, ya que no sabe en qué emplear su energía psíquica (Csikszentmihalyi, 2013).

Aparte de estas barreras y patologías sociales que dificultan el alcance del estado de flujo, la experiencia óptima puede llegar a derivar en dos problemas principales, como se describe seguidamente.

Por una parte, resulta de vital importancia no caer en la **hiperconcentración**, una intensa focalización en la actividad que se está realizando (Hallowell y Ratey, 2004). Cuando una persona se encuentra absorbida por completo por una tarea, puede llegar a descuidar el resto de responsabilidades diarias o encontrarse en la situación de que comience más de un proyecto, pero no finalice ninguno.

Por otra parte, la excesiva involucración de las personas en las actividades que generan *flow* puede provocar **adicción,** en tanto que tratamos de revivir una y otra vez dichas experiencias óptimas y el bienestar psicológico que nos aportan (Park y Hwang, 2009). Dicha dependencia es generada por la búsqueda constante de la activación, que además puede instar a la participación en actividades peligrosas o de alto riesgo con el fin de experimentar dicho estado (Park y Hwang, 2009).

En la Tabla 1 se resumen las principales ventajas (beneficios) e inconvenientes (obstáculos y problemas) del estado de flujo.

Tabla 1. Ventajas e inconvenientes del estado de flujo

Ventajas	Inconvenientes
• Crecimiento y desarrollo personal.	• Hiperconcentración.
• Incremento de la capacidad emocional y cognitiva.	• Sentido del ridículo.
• Aumento de la productividad, la motivación interna y el nivel de aprendizaje.	• Egoísmo.
	• Alteración en la atención.
• Experiencias positivas y de satisfacción plena.	• Alienación.
• Reduce la ansiedad y eleva la autoestima y la felicidad.	• Anomia.
	• Adicción y destrucción.
• Sensación de autorrealización.	

Fuente: elaboración propia.

2.4. Modelos teóricos del estado de flujo

Varios han sido los modelos teóricos formulados que describen el estado de flujo. El primero de ellos fue desarrollado por Csikszentmihalyi (1975), al que denominó modelo de tres canales o modelo de *flow*, y que fue considerado como el modelo original.

En este primer modelo propuesto, representado gráficamente a través del primer cuadrante de un plano cartesiano (parte superior derecha), la diagonal representa el balance óptimo entre retos y habilidades personales, condición indispensable para que una persona pueda experimentar el estado de *flow*. Cuando los individuos se encuentran en esa zona, se sienten impulsados a repetir la conducta que dio lugar a la situación agradable; y la conciencia, la memoria y la atención trabajan con menor esfuerzo y dificultades. Este estado de flujo localizado en la línea diagonal del gráfico debería interpretarse como una condición extremadamente positiva: las personas deberían sentirse felices, concentradas y motivadas a mejorar sus habilidades y afrontar nuevos retos, entrando así en un círculo virtuoso, siempre que el cociente o ratio entre los desafíos y las habilidades se aproxime a la unidad (Csikszentmihalyi y Csikszentmihalyi, 1998). Si los retos planteados por la actividad superan las destrezas propias que posee la persona, primero se sentirá frustración, más tarde preocupación y, por último, ansiedad. Por el contrario, si las destrezas son superiores a los desafíos que supone la acción, se experimentará un estado de relajación y, a continuación, aburrimiento. Sólo si el individuo percibe congruencia entre los retos que presenta la tarea a desarrollar y sus habilidades, entrará en estado de flujo. De hecho, el flujo se asocia a un canal ascendente, por cuanto la superación de los retos conlleva el aumento de las habilidades.

De este modo, son las condiciones de las actividades, y más concretamente la combinación del nivel de desafío y de las habilidades percibidas, las que configuran los canales responsables de las experiencias asociadas a cada actividad (Fernández-Abascal *et al.*, 2003). En este caso, el modelo de Csikszentmihalyi (1975) presenta tres canales: la ansiedad (retos > habilidades), el flujo (retos = habilidades) y el aburrimiento (retos <habilidades).

Este modelo pone así de manifiesto la importancia del equilibrio entre desafíos y destrezas, restando importancia a que la tarea sea innovadora o no (Camacho et al., 2011; Orta y Sicilia-Camacho, 2015). Sin embargo, presenta algunos problemas: el *flow* es una fuerza de crecimiento, es decir, si la persona no mejora en lo que hace, no podrá seguir disfrutando de dicha actividad. La diagonal del *flow* podría compararse con una calle de dirección única hacia una complejidad cada vez mayor. Pese a ello, en el día a día, una actividad no es realizada durante veinticuatro horas. En la vida cotidiana es posible alternar y combinar tareas desafiantes, que exigen un alto nivel de habilidades, con otras más rutinarias, que requieren un nivel bajo de destrezas (Csikszentmihalyi y Csikszentmihalyi, 1998).

El segundo modelo explicativo de la experiencia óptima o *flow*, desarrollado inicialmente por Massimini y Carli (1986) y posteriormente apoyado y perfeccionado por Csikszentmihalyi y Csikszentmihalyi (1998), contempla cuatro combinaciones probables entre la habilidad y el reto o, lo que es lo mismo, cuatro canales:

1) Cuando el reto y la habilidad son altos se activa el **estado de flujo.** El origen de la experiencia óptima se encuentra en la media entre desafíos y destrezas. Si se supera ese punto, se empezará a activar el estado de *flow.*

2) Si hay equilibrio entre el reto y la habilidad pero por debajo de la media, aparece la **apatía.**

3) Cuando el reto es bajo y la habilidad es alta, aparece el **aburrimiento.**

4) Si el reto es alto pero la habilidad baja, da lugar a la **ansiedad.**

Este segundo modelo también considera que, cuando los desafíos que presenta una actividad son superiores a las destrezas del individuo, éste experimenta cierta sensación de ansiedad, y si los retos son inferiores a las habilidades, se aburre. De igual modo que en el modelo anterior, se asume que una persona entra en estado de flujo cuando realiza una actividad y percibe que hay equilibrio entre los retos a los que se enfrenta y sus habilidades. Sin embargo, en este caso se supone que el nivel de estimulación que la actividad produce al individuo ha de ser superior al de las experiencias cotidianas; es decir, únicamente cuando existe equilibrio entre los retos y las habilidades y, además, éstos se encuentran por encima de lo habitual, surgen experiencias óptimas. En cambio, si los niveles de retos y destrezas presentan valores inferiores a los habituales, el individuo experimenta apatía.

La activación del estado de flujo está relacionada, por tanto, con una complejidad en aumento: una misma actividad no producirá *flow* eternamente, los desafíos y las habilidades deben ir en auge (Csikszentmihalyi y Csi-kszentmihalyi, 1998).

Dos años después, los propios Massimini y Carli (1988) ampliaron este segundo modelo adaptado a ocho combinaciones o canales experienciales diferentes, según el grado de ajuste o desajuste entre los retos que presenta una determinada actividad y las habilidades del individuo. Las distintas posibilidades de combinación de ambas variables son:

1) Estado de **Estimulación o Activación**: desafíos altos y habilidades moderadas.
2) Estado de *Flow*: niveles altos de desafío y habilidad.
3) Estado de **Control**: nivel de desafío moderado y habilidad alta.
4) Estado de **Aburrimiento**: desafío bajo y habilidad alta.
5) Estado de **Tranquilidad o Relajación**: bajo desafío y moderada habilidad.
6) Estado de **Intranquilidad o Preocupación**: el nivel de desafío es moderado y baja la habilidad.
7) Estado de **Angustia o Ansiedad**: nivel de desafío elevado y baja la habilidad.
8) Estado de **Apatía**: retos y habilidades bajas.

De acuerdo con este tercer modelo, las actividades que conducen al estado de flujo plantean una situación desafiante para el individuo, quien, a su vez, cree poseer unas habilidades elevadas para enfrentarse a tal situación.

Más tarde, Hill (2001), partiendo de las aportaciones de Privette (1983) y Jackson y Csikszentmihalyi (1999), formuló dos nuevos modelos teóricos en los que se presentaban las dimensiones del *flow* y su relación con el estado de flujo (Camacho et al., 2011).

En el primero de ellos -basado en la propuesta de Privette (1983)- se sugiere que el estado de flujo se relaciona más intensamente con la diversión alcanzada durante la experiencia óptima, que se relaciona, a su vez, con el disfrute que produce y el carácter autotélico de la actividad. También se vincula directamente con la ausencia del ego, la pérdida de la noción del tiempo, la orientación hacia la meta y la motivación intrínseca (Hill, 2001).

El modelo de Jackson y Csikzszentmihalyi (1999) contiene las nueve dimensiones del *flow* interpretadas y organizadas por Hill (2001). Aquí se muestran las relaciones existentes entre las dimensiones aisladas y con igual participación en el *flow*. Sin embargo, este modelo presenta limitaciones, al operar cada dimensión de forma independiente cuando realmente se dan sinergias en el desarrollo de los niveles de profundidad de la experiencia óptima (Camacho et al., 2011).

Por todo ello, el propio Csikszentmihalyi (1992) sugiere que no debe describirse el flujo únicamente a través del equilibrio entre los retos que presenta la actividad y las habilidades del individuo, sino que también deben considerarse otros elementos.

CAPÍTULO 3.

LA EXPERIENCIA DE FLUJO EN LÍNEA

CAPÍTULO 3. LA EXPERIENCIA DE FLUJO EN LÍNEA

En el capítulo 2 se ha examinado que el estado de flujo es un fenómeno psicológico que ha sido abordado por diversos autores en distintos ámbitos. El objetivo principal de todas estas investigaciones ha sido intentar identificar qué actividades producen flujo, aportando a la persona una experiencia placentera y un sentimiento de creatividad, y ayudándola a obtener un nivel de rendimiento inmejorable.

Tras una primera aproximación al concepto de *flow* en entornos presenciales, sus dimensiones, beneficios y problemas, modelos teóricos e instrumentos de medida, este capítulo se centra en el estudio pormenorizado de algo más concreto como es el estado de flujo en línea. Para ello, se profundiza en el análisis que el *flow* tiene en los ámbitos del comercio electrónico (junto al comportamiento del consumidor que éste conlleva) y las redes sociales, ambos muy relacionados con la disciplina del marketing digital.

3.1. Definición y dimensiones propias de la experiencia de flujo en línea

Aunque el concepto de flujo tenga su origen en el ámbito de la psicología y sea anterior a la aparición de Internet, esto no ha impedido que se haya adaptado y empleado para explicar el comportamiento del individuo en línea (Faiola et al., 2013). Es más, cuando la navegación por la Red provoca sensaciones de flujo, el usuario se implica tanto en las tareas que desempeña en el medio virtual o en los conocimientos que adquiere a través de este medio, lo cual hace que se aleje de todos aquellos pensamientos y percepciones irrelevantes relacionados con este proceso, y adquiere la percepción de que posee el control sobre sus interacciones en dicho entorno (Webster et al., 1993; Hoffman y Novak, 2009; Hung et al., 2012).

El internauta en estado de flujo atribuye escasa importancia a los hechos que tienen lugar en el entorno físico que le envuelve, y dedica todas sus energías psíquicas a la actividad que está desarrollando en línea, llegando incluso a perder la noción del tiempo y la autoconciencia (Chen et al., 2000; Van Noort et al., 2012). De hecho, al igual que lo que sucede con el resto de actividades que producen *flow*, el surgimiento del estado de flujo en línea se ve favorecido por la percepción del consumidor de que la acción desarrollada en Internet le plantea un nivel de retos acorde a sus habilidades de navegación, de modo que se considera capaz de afrontarlos (Jin, 2011; Mao et al., 2016). Por el contrario, si no se da este equilibrio entre retos y habilidades, aparecen sensaciones distintas al flujo: aburrimiento si los retos son fácilmente alcanzables, y ansiedad si se requiere más de lo que se es capaz de hacer, entre otras. (Sánchez-Franco, 2005; Zhou et al., 2010). La experiencia de flujo en Internet constituye, por tanto, un estado mental de diversión intrínseca (Koufaris, 2002), gratificante (Chen et al., 2000) y placentero (Csikszentmihalyi, 1990), que ayuda a mejorar el bienestar psicológico del consumidor (Chen et al., 2000). A diferencia de otras tareas cotidianas desarrolladas por el individuo con el objetivo de lograr determinados propósitos, cuando se experimenta flujo en línea, el sujeto interactúa no sólo para conseguir algo, sino por la mera diversión, el placer o la gratificación que se desprenden de dicha acción (Trevino y Webster, 1992). Gao y Bai (2014) lo conciben como aquel estado psicológico experimentado por los individuos inconscientemente y de forma temporal, al realizar una actividad en línea con total concentración, control y disfrute. Se trata de un concepto esencial a la hora de entender las experiencias de navegación en entornos digitales (Chang, 2013).

En cuanto a la dimensionalidad del constructo, existe disparidad de opiniones. Mientras algunos teóricos consideran que el flujo en línea es un fenómeno unidimensional, otros discrepan, y defienden la multidimensionalidad del concepto (Kaur et al., 2016). Pero si hay algo en lo que coinciden los autores es en que, para experimentar *flow*, basta con que se dé una única dimensión, la cual puede variar dependiendo del contexto en el que se desarrolle la tarea (Novak et al., 2000; Ozkara et al., 2015).

El flujo en sí es un constructo de naturaleza compleja que guarda relación con un elevado número de elementos de orden subjetivo o afectivo. Aunque no existe pleno consenso en la literatura acerca de cuáles son exactamente estos elementos, tras la revisión bibliográfica de varias investigaciones, el presente trabajo trata de aglutinar las dimensiones más repetidas en los estudios y que pueden caracterizar una experiencia de flujo en línea (sin entrar en la dimensionalidad del concepto). Y es que, aparte de las dimensiones comunes a toda experiencia óptima, las cuales se recogen en la tabla que aparece a continuación para el contexto virtual, el flujo en línea presenta una serie de componentes específicos habitualmente considerados en las investigaciones (Hoffman y Novak, 1996; Novak et al., 2000; Hoffman y Novak, 2009; Ozkara et al., 2017).

Tabla 2. Dimensiones básicas del estado de flujo aplicadas al contexto virtual

Equilibrio entre retos y habilidades	En este contexto, con retos nos referimos a las oportunidades de acción que se presentan al usuario en el medio; y con habilidades, a la capacidad de dominio en la ejecución de dichos retos con éxito (Hoffman y Novak, 1996). Constituye la principal condición para entrar en flujo (Lazoc, 2013).
Percepción de control	Capacidad percibida por el usuario para modificar el entorno, decidir las acciones personales que llevará a cabo en el mismo, y regular la información o contenidos que se le presentan (Shih, 1998; Nah et al, 2014, Deng et al, 2010).
Concentración o atención focalizada	Cuando se navega por la Red, el campo de atención del consumidor se limita a un área de estímulos muy reducida, como es una pantalla (Novak et al., 2000). El sujeto percibe que el mundo físico desaparece, quedando absorto en la navegación, y perdiendo la consciencia de todos aquellos aspectos que no se relacionen con su tarea (Usluel y Vural, 2009; Esteban et al., 2014).
Distorsión temporal	El uso de la tecnología, la alta implicación del usuario y su atención focalizada en el medio virtual provocan la sensación de ser transportado a través del tiempo y espacio (Bridges y Florsheim, 2008). Hasta que no finaliza la navegación, el individuo no se da cuenta realmente de la cantidad de tiempo que ha permanecido frente a la pantalla (Chen et al., 2000).
Unión de acción y conciencia	Cuando esto ocurre, la actividad se convierte en espontánea y automática, reduciéndose el esfuerzo cognitivo necesario (Fang et al., 2013). Las acciones *online* se llevan a cabo con mayor rapidez y productividad, con lo que se desarrolla una actitud positiva hacia la marca (Punj, 2012).
Objetivos claros	Es conveniente que los internautas tengan una idea clara de lo que pretenden al navegar por la red (Kim y Han, 2014). De lo contrario, no podrán evaluar si han conseguido lo que buscaban.
Retroalimentación	El *feedback* a tiempo real facilita a los usuarios web experimentar flujo (Quinn, 2005), ya que ayuda a entender si se han dirigido correctamente los esfuerzos mentales y físicos hacia el propósito inicial (Guo y Klein, 2009).

Fuente: elaboración propia.

Tras describir las dimensiones básicas de una experiencia de flujo, aplicadas al contexto virtual (Tabla 2), a continuación se van a explicar las dimensiones propias del estado de flujo en línea que con frecuencia se contemplan en la literatura:

1) Interactividad

La interactividad se concibe como aquella propiedad de la Red por la que el navegante actúa recíprocamente con el sistema, obteniendo una respuesta inmediata a sus acciones (Van Noort et al., 2012). Según Rodríguez-Ardura (2008), este atributo característico de Internet, y que lo diferencia del resto de medios de comunicación convencionales, se puede presentar de distintas formas: por una parte, interacción a través del medio en ambos sentidos, donde todos los participantes en la comunicación se intercambian mensajes a través del medio; y por otra, interacción uno a uno, que permite al usuario transmitir mensajes personalizados e interacción con los contenidos y el medio.

Aplicado al contexto de flujo en línea, generalmente, a mayor interacción entre el internauta y el sitio web, más probabilidad existe de que éste se convierta en un espacio útil y relevante, y el usuario se sienta más animado a procesar o retener información, lo que favorece la formación de actitudes positivas (Richard y Chandra, 2005; Sicilia et al., 2005; Voorveld et al., 2011).

El grado de interactividad influye en el flujo de forma directa y viene dado en función de varios elementos. Hoffman y Novak (1996) distinguen la velocidad, que a su vez depende de factores como el tipo de conexión a Internet, o el *hardware* o *software* que posea el navegante; el rango, referido a las posibilidades de acción en el medio de las que dispone el internauta; la correspondencia intuitiva, que tiene que ver con la naturalidad con que se percibe la interacción; y la facilidad de uso, o consideración de que el empleo del sistema está libre de esfuerzo.

2) Telepresencia

La telepresencia, que interviene en la comunicación mediada por la tecnología, es la sensación del navegante de estar más presente en el medio virtual en el que interactúa, que en el entorno físico que le rodea (Steuer, 1992; Choi et al., 2016). Cuando esto ocurre, el usuario focaliza toda su atención en el entorno virtual, llegándole a parecer incluso más real que el propio medio físico, y se siente en paz, con control del entorno, feliz y animado (Chen et al., 2000; Faoila et al., 2013).

De acuerdo con Esteban (2011), el nivel de telepresencia experimentado por el individuo depende de tres elementos: el grado de viveza del medio o cantidad de información sensorial que se ofrece en él, y que resulta, a su vez, de la amplitud y profundidad de la información transferida (Rodríguez-Ardura, 2008); el número de participantes en el mismo, de forma que a mayor número de participantes, más posibilidades de experimentar sensaciones de telepresencia existen (Shih, 1998); y la interactividad (Pelet et al., 2017).

3) Diversión percibida

A grandes rasgos, la diversión percibida es un concepto que se emplea como medida de la motivación intrínseca de una persona (Chung y Tan, 2004). Va implícito en la definición de estado de flujo: experiencia óptima muy divertida (Moneta y Csikszentmihalyi, 1996; Domina et al., 2012).

Cuando un sujeto experimenta flujo en línea, centra su atención en el proceso interactivo con la Web, siente curiosidad por la exploración que le permitirá realizar la actividad, y percibe la interacción con el medio como algo intrínsecamente agradable, divertido e interesante (Moon y Kim, 2001; Zhou, 2013), captando los aspectos jocosos de ésta (Agarwal y Karahanna, 2000) y predisponiéndole de manera positiva para volver a interactuar en el futuro (Webster et al., 1993; Guo y Barnes, 2009).

4) Disfrute percibido

La percepción de disfrute también se utiliza para medir la motivación intrínseca en la conducta humana (Sánchez-Franco y Roldán, 2005). Del mismo modo que en el caso anterior, esta dimensión es una de las más utilizadas en los trabajos de flujo *online*, siendo inicialmente definido este concepto como una experiencia disfrutable en gran medida[1] (Csikszentmihalyi, 1975; Kaur et al., 2016).

Hoffman y Novak (1996) ya afirmaban en su trabajo que altos niveles de disfrute e implicación durante la navegación en línea entrañan percepciones

---

1   Mientras que la diversión hace referencia a la parte lúdica de las experiencias óptimas, el disfrute representa los aspectos hedónicos de las mismas.

subjetivas de alegría para el internauta. En el entorno virtual, el flujo facilita esta clase de experiencias subjetivas, ya que enfatiza la percepción de disfrute respecto a la interacción con la tecnología y produce un estado mental gratificante, que mejora el bienestar psicológico del individuo (Chen et al., 2000; Zhou, 2013). De esta forma, los navegantes pueden disfrutar de la interacción con el medio y su contenido, por el interés intrínseco y la satisfacción experimentada al desempeñar la actividad (Webster et al., 1993; Domina et al., 2012).

5) **Curiosidad sensorial y cognitiva**

Como última medida de la motivación intrínseca tenemos la curiosidad sensorial y cognitiva que se suscita en el usuario, determinada por la novedad, la complejidad y la imprevisibilidad (Reeve, 1994; Agarwal y Karahanna, 2000). Esta dimensión refleja el deseo de adquirir nuevos conocimientos (Nel et al., 1999), de probar las diferentes opciones y oportunidades que ofrece el entorno (Hoffman y Novak, 1996), y de innovar (Hirschman, 1980), lo que a su vez tiene que ver con su predisposición a interactuar con la tecnología. Lowry et al. (2012) apuntan que los individuos que tienden a innovar sienten elevados niveles de estimulación intrínseca de uso de las TIC (Tecnologías de la Información y la Comunicación) y deseo de disfrutar de ellas, lo que favorece la aparición del *flow*.

Expresado de una forma más explícita, la curiosidad suele asociarse con las acciones de juego, término que hace referencia a la tendencia del sujeto a interactuar de manera espontánea con la tecnología, y que describe la elevada implicación, el disfrute y el método prueba-error que aplican los usuarios al usar los dispositivos tecnológicos (Trevino y Webster, 1992). Las personas con dicha cualidad poseen más aptitudes para las experiencias óptimas. De hecho, la literatura pone de manifiesto la existencia de una relación directa entre la curiosidad sensorial y cognitiva y el flujo, puesto que al entrar en este estado, el individuo experimenta con el medio en el que se desenvuelve (Sharafi et al., 2006).

6) **Implicación**

La relevancia de la implicación radica en que, como hemos visto en el capítulo anterior, el individuo en estado de flujo se involucra y compromete con mucha intensidad con la actividad en línea, lo que le conduce a encontrarse absorto en la misma (Rodríguez, 2006). Esta dimensión ha sido objeto de estudio por diferentes disciplinas tales como la psicología o el marketing, las cuales la entienden como aquel estado psicológico subjetivo del individuo que refleja la importancia y el interés personal hacia un determinado objeto o evento y que contribuye a que su atención se focalice en el contenido del medio (Barki y Hartwick, 1989; Hoffman y Novak, 1996). Además, la implicación lleva implícitos los motivos por los que actúa el individuo (Park y Young, 1986). En otras palabras, permite conocer el tipo de motivación que subyace en la conducta del sujeto.

Una de las clasificaciones más frecuentes en el estudio de esta dimensión es aquella que distingue entre *implicación duradera* e *implicación situacional* (Celsi y Olson, 1988). La diferencia entre ambas reside en el origen de la importancia e interés, y en el tipo de motivación con el que acostumbran a asociarse. Mientras que la *implicación duradera* se relaciona con la motivación intrínseca y en ella, la importancia y el interés personal otorgados al objeto o evento proceden del propio consumidor; la *implicación situacional* está vinculada con la motivación extrínseca, y la importancia y el interés concedidos a la tarea, en este caso, dependen de una circunstancia concreta (Huang, 2006).

Aplicado al contexto en línea, la implicación hace referencia al grado de importancia concedido a la acción de navegar por la Red, según la cual el individuo experimenta una alta motivación para desempeñar una tarea determinada (Sánchez-Franco y Roldán, 2005).

7) Utilidad percibida

La utilidad percibida puede describirse como el grado en que un individuo cree que el uso de la tecnología en general, o el de un sistema en particular, mejora su rendimiento y el resultado de sus tareas o actividades (Davis, 1989; Taylor y Todd, 1995). En línea con esta definición, la utilidad de un sitio web depende de que éste facilite al usuario el logro de unos objetivos distintos a la realización de la propia actividad, fácil y de manera cómoda (Sánchez-Franco y Roldán, 2005).

La utilidad percibida ocupa un lugar primordial en el estudio de la adopción de innovaciones de naturaleza tecnológica, considerándose, junto a la facilidad de uso, una variable decisiva a la hora de explicar la aceptación y el uso de los sistemas de información -modelo TAM- (Chang y Wang, 2008).

En el contexto de flujo en línea, y al igual que ocurre con la implicación, la utilidad percibida ayuda a explicar los motivos que subyacen en el comportamiento del individuo que interactúa con la tecnología (Esteban, 2011): la percepción del usuario de una elevada utilidad del entorno se asocia con una motivación extrínseca, si bien una baja utilidad percibida no se corresponde necesariamente con motivaciones intrínsecas.

La esencia de todas estas dimensiones queda finalmente recogida en la Tabla 3:

Tabla 3. Tabla-resumen de las dimensiones del estado de flujo en línea

Dimensiones básicas de una experiencia de flujo	Dimensiones específicas de una experiencia de flujo en línea
Equilibrio entre retos y habilidades	Interactividad
Percepción de control	Telepresencia
Concentración o atención focalizada	Diversión percibida
Distorsión temporal	Disfrute percibido
Unión de acción y conciencia	Curiosidad sensorial y cognitiva
Objetivos claros	Implicación
Retroalimentación	Utilidad percibida

Fuente: elaboración propia.

3.2. Comportamiento del consumidor en línea

Como consecuencia de las diversas oportunidades de negocio que ofrece Internet, en los últimos años se ha acrecentado el interés académico y profesional por entender los fenómenos de navegación y compra en línea, con el fin de identificar las estrategias organizacionales más efectivas (Huang, 2012; Morales-Solana et al., 2018). Los comportamientos de los consumidores en la red, aparte de guardar cierta semejanza y presentar rasgos en común con los desarrollados a través de medios convencionales, incorporan nuevos elementos derivados del entorno virtual en el que se desenvuelven (Dailey, 2004; Zanjani et al., 2016).

Entre estas particularidades destacan el concepto de flujo, configurándose como un componente clave para la comprensión de las experiencias de navegación y compra en entornos digitales (Novak et al., 2000; Mäntymäky et al., 2014). Y es que se ha comprobado que si la atmósfera de compra en línea posee el suficiente poder como para estimular las sensaciones afectivas propias de un estado de flujo, es probable que se produzcan resultados deseables en la satisfacción y los comportamientos de los clientes actuales y potenciales, al simplificarles las tareas de asimilación de información y evaluación de los productos, y al realzar su experiencia de navegación y compra (Rodríguez, 2006; Liu and Shiue, 2014).

De acuerdo con Hsu et al. (2012), la relación entre la experiencia de flujo y el comportamiento de compra en Internet está moderado por las características del consumidor, es decir, cuando la disposición a comprar y el grado de confianza en el comerciante, en el sistema, y/o en uno mismo son elevadas, se maximiza la influencia del *flow* en el comportamiento de compra en línea.

El *flow* se puede entender por tanto como un fenómeno que conduce a la satisfacción en los entornos mediados por ordenador (Gao y Bai, 2014; Martin et al., 2015; Rose et al., 2012; Zhou y Lu, 2011) y ofrece un marco teórico para entender el comportamiento de los usuarios en el contexto *online* (Lee y Tsai, 2010; Chang y Zhu, 2012; Mahnke et al., 2014), repercutiendo de forma positiva en su intención de compra y de continuidad en el uso de las tecnologías y sistemas de información (Deng et al., 2010; Animesh et al., 2011).

Las primeras aproximaciones al comportamiento del consumidor, surgidas en los años 60, consideraban que éstos tomaban decisiones de consumo racionales, basadas en la adquisición de bienes y servicios que les reportasen la máxima utilidad al menor coste posible: teoría del hombre económico (Holbrook y Hirschman, 1982). Sin embargo, a inicios de la década de los 80, empiezan a contemplarse otros aspectos no necesariamente racionales, utilitarios o cognitivos, ni vinculados estrictamente a la compra del producto, sino de tipo hedónico, emocional y afectivo (Unger y Kernan, 1983; Havlena y Holbrook, 1986). Se apunta que los consumidores valoran más la experiencia total ligada al proceso de compra y consumo del producto, que las propias características intrínsecas y tangibles del mismo, entendiendo dicha experiencia como la suma de aspectos racionales y afectivos -emociones y sentimientos- (Rodríguez, 2006; Domina et al., 2012).

Tal y como sugieren algunas investigaciones (Reeves y Nass, 1996; Smith y Rupp, 2003), si bien este cambio en la concepción del comportamiento del consumidor es aplicable a todo tipo de entornos comerciales, los entornos virtuales de compra presentan una serie de peculiaridades (Rodríguez-Ardura, 2008; Ozkara et al., 2015):

1) **Conectividad y personalización.** La interactividad que confiere Internet favorece que los usuarios estrechen e intensifiquen sus relaciones con la empresa, recibiendo ofertas comerciales más directas y mejor adaptadas a sus necesidades y preferencias individuales. Por otra parte, la conectividad de Internet, fruto de la naturaleza abierta y global del medio, les proporciona un espacio de alcance mundial para las comunicaciones y los intercambios (Rodríguez-Ardura, 2008). Además, las TIC permiten una mayor personalización al consumidor a lo largo del proceso de compra y el servicio post-venta (Ali, 2016).

2) **Economía y conveniencia.** La ausencia de establecimientos físicos y de personal de ventas, y la automatización de determinadas funciones de marketing, permiten reducir los costes operativos y ofrecer precios más bajos (Brynjolfsson y Smith, 2000; Ozkara et al., 2017). Es más, los consumidores gozan de altas dosis de conveniencia, al evitarse desplazamientos a las tiendas, colas, aglomeraciones y esperas, con el consiguiente ahorro de tiempo y esfuerzo y la comodidad que esto conlleva; no existen limitaciones horarias ni geográficas; tenemos a nuestra disposición amplios surtidos de productos; podemos acceder a una información completa sobre la oferta, evaluar y establecer comparaciones entre las distintas opciones de compra antes de tomar la decisión final; y se eliminan las presiones e influencias del vendedor personal tradicional, proporcionando mayor intimidad en el proceso de compra (Meseguer et al., 2003; Branco et al., 2015).

3) **Falta de confianza y seguridad percibida.** El establecimiento virtual debe luchar por ganarse la confianza de su público objetivo (Liebermann y Stashevsky, 2002; McKnight et al., 2002; Suh y Han, 2002), ya que todavía existen consumidores que se muestran reacios a las iniciativas de comercio electrónico por los posibles riesgos que éste entraña -fraude en el sistema de pago, no recepción de los productos solicitados, cuestiones de seguridad y confidencialidad, entre otros- y que acaban repercutiendo en su actitud y predisposición hacia la compra en línea (Bhatnagar et al., 2000; Bilgihan et al., 2014, 2015).

4) **Complejidad de uso.** Para llevar a cabo las funciones de decisión y compra en línea, los consumidores se ven en la obligación de interactuar con el sistema tecnológico (un sitio web comercial), lo que exige una serie de conocimientos informáticos que hacen más compleja la experiencia de compra (Koufaris, 2002; Liu y Forsythe, 2010).

5) **Emociones asociadas a la compra.** La ausencia de una visita real al establecimiento provoca una serie de sensaciones vinculadas a la compra, que suponen barreras o frenos a ésta (Rodríguez-Ardura, 2014): imposibilidad de examinar físicamente la oferta; menor capacidad para evaluar la calidad del producto; reducción de la implicación emocional en la experiencia de compra y falta de interacción cara a cara con el vendedor. Sin embargo, también surgen nuevas y positivas emociones, altamente satisfactorias para el consumidor, propiciadas por elementos como el juego o la exploración en la Web (Chung y Tang, 2004; Hsu y Lu, 2004; Chang, 2013).

En la definición del comportamiento del consumidor es importante resaltar que se trata de una conducta motivada, es decir, promovida por un impulso o estímulo que, de forma consciente o inconsciente, conduce a la reducción de un estado de tensión interna, resultado de una(s) necesidad(es) insatisfecha(s) (Mollá, 2006; Lee y Chen, 2010). Aunque son muchas las motivaciones que pueden intervenir en el proceso de decisión de compra, suelen distinguirse dos categorías genéricas: *motivaciones instrumentales, utilitarias o funcionales,* más relacionadas con el producto, y *motivaciones hedónicas, emocionales o afectivas,* más relacionados con las sensaciones (Babin et al., 1994; Ozakara et al., 2017). Mientras que las primeras suelen ser de tipo extrínseco porque dirigen al consumidor hacia la adopción de un determinado comportamiento con el fin de obtener unos resultados concretos, las segundas se consideran intrínsecas al llevar a la adopción de un cierto comportamiento por lo divertido, emocionante o agradable que resulte éste (Wu et al., 2015).

Esta clasificación de las motivaciones también es extrapolable al entorno virtual (Martínez et al., 2005; Dickinger y Stangl, 2012). Entre las motivaciones utilitarias se encuentran, la facilidad de uso y navegación, la conveniencia, la accesibilidad, la disponibilidad de información, la posibilidad de selección entre varias alternativas o la no exigencia de compromiso; y entre las hedónicas destacan la telepresencia, la estimulación, el disfrute y demás elementos que permitan al usuario trasladarse desde el mundo real al virtual. Se ha constatado, por ejemplo, que la diversión y los aspectos hedónicos constituyen un elemento fundamental de las experiencias comerciales en línea, influyendo tanto en las actitudes de los consumidores como en sus comportamientos de compra (Hassanein y Head, 2005; Mariarcher et al., 2013; Richard y Habibi, 2016).

En los entornos comerciales tradicionales es habitual asociar cada una de estas motivaciones con ciertos comportamientos de compra (Díez de Castro et al., 2006). Por una parte, las motivaciones utilitarias o funcionales se vinculan con las denominadas *compras como tarea o compras de conveniencia,* que son aquellas en las que el cliente otorga gran valor al tiempo invertido en la misma, y se preocupa por adquirir los productos que necesita rápida y eficientemente. Este tipo de compras presentan dos características principales: satisfacer las necesidades y liberar tiempo y/o energía para utilizarla en otros fines. Por otra parte, las motivaciones hedónicas o afectivas están ligadas a las llamadas *compras como placer,* que son aquellas compras orientadas al entorno o atmósfera, percibidas no como una tarea u obligación, sino como una actividad gratificante y en la que el cliente puede tener más disposición a invertir su tiempo y energía. En este sentido, conforme a los planteamientos de McFayden (1985), la gente no quiere perder su tiempo de ocio realizando compras aburridas, por lo que éstas deben ser divertidas y suscitar interés. Aunque cabe la posibilidad de que una persona cuando acude a un punto de venta pueda tener ambas orientaciones, parece evidente que existe una estrecha relación entre los productos a adquirir y la orientación al cliente (Stone, 1954).

Al hablar de compra en línea también suele recurrirse a esta tipología (Wolfinbarger y Gilly, 2001; Xia, 2002; Kim et al., 2012), diferenciando entre *comportamientos dirigidos,* que responden al logro de un objetivo concreto, como puede ser la compra directa de un producto o la búsqueda de información para definir el conjunto de productos o marcas que serán considerados y evaluarlos para realizar una elección óptima (Moe, 2003; Ozkara et al., 2017); y *comportamientos exploratorios,* que responden a la búsqueda del disfrute o placer, como pueden ser las acciones de navegar, publicar, compartir contenidos, visitar establecimientos virtuales, comunidades de marca y redes sociales en busca de experiencias y novedades (Kim et al., 2012). Esta última se trata de una navegación menos centrada, abierta a estímulos nuevos y variados, donde no se suele repetir la visualización de los productos ni obtener información en profundidad sobre los mismos (Moe, 2003). Aunque ambos comportamientos responden a la consecución de un objetivo o plan de compra, difieren en las motivaciones dominantes (utilitarias en el primer caso, y hedónicas en el segundo) y el momento en que ésta se prevé efectuar, más inminente en el primer caso y más lejano en el segundo (Smith y Sivakumar, 2004; Wu et al., 2015).

La búsqueda de información es una fase muy importante del proceso de decisión de compra (concretamente, la segunda, tras el reconocimiento de la necesidad), fase en la que los clientes también pueden adoptar los dos tipos de comportamiento que se han subrayado en el párrafo anterior (Gursoy y McCleary, 2004; Dickinger y Stangl, 2012; Mariarcher et al., 2013). Para obtener esta información, primero recurrimos a experiencias previas y recuerdos, y si no logramos resultados, entonces recurrimos a recursos externos, siendo Internet la fuente más utilizada (Zhang et al., 2016). Durante el proceso de búsqueda, es frecuente que los consumidores experimenten *flow*, lo que conduce a la satisfacción (Rettie, 200; Labbe et al., 2015). El grado de satisfacción con la información encontrada en línea, fruto de la suma de las experiencias objetiva y subjetiva vividas (Al-Maskari y Sanderson, 2010), influye positivamente en la satisfacción total con el sistema, la intención de compra y la actitud hacia el sitio web (Bliemel y Hassanein, 2007; Ding et al., 2010; Gao y Bai, 2014; Martin et al., 2015).

En el estudio de las motivaciones y comportamientos de los consumidores en línea se consideran estados de estimulación mental que se encuadran dentro del constructo de flujo (Martínez et al., 2005; Chang, 2013). De hecho, se ha constatado la validez e importancia del concepto en las experiencias de consumo en entornos digitales y su contribución al éxito de iniciativas comerciales en línea (Hoffman y Novak, 1996; Chang y Zhu, 2012).

El estado mental de flujo tiene un conjunto de implicaciones positivas sobre los negocios virtuales:

1) Se traduce en actitudes favorables hacia la marca y la oferta en línea, en tanto que el posible cliente muestra una mayor disposición a examinar, retener y considerar la información del sitio web (Shih, 1998; Jiang y Benbasat, 2004)

2) Facilita la adopción de comportamientos favorables para el establecimiento, como el incremento de la duración de la visita al sitio o la intención de repetir la visita en el futuro (Shih, 1998; Webster et al., 1993)

3) Ayuda a compensar los riesgos inherentes a la experiencia en línea, es
decir, los frenos de compra que hemos mencionado con anterioridad
(Koufaris, 2002)

De esta idea se deriva la importancia de que los establecimientos virtuales
configuren su oferta de valor teniendo presente todos aquellos aspectos que
determinan el estado de flujo en línea. Uno de estos aspectos es la sensación
subjetiva de presencia: el individuo necesita sentir la dimensión espacial en
la que se encuentra para desarrollar sus actividades (Pelet et al., 2017). Esta
sensación ayuda a explicar sus decisiones; si no se siente presente, solamente
verá imágenes o texto informativo en la pantalla, y no una posibilidad real
de compra (Choi et al., 2016). Para que el consumidor se sienta físicamente
ubicado en el entorno virtual, hay que tener en cuenta estas consideraciones
(Rodríguez-Ardura, 2014):

1) No basta con proporcionar máxima comodidad o conveniencia en las
compras a través de sitios web útiles y fáciles de utilizar, o de herramientas que hagan más rápido, cómodo y eficaz el proceso de compra
(compras mediante un clic, buscadores de uso intuitivo y agentes de
recomendación, entre otros), sino que deben incorporarse elementos
que hagan a los usuarios sentirse parte del entorno y les estimulen a
explorar y jugar en sus movimientos por el establecimiento.

2) No son recomendables los diseños del sitio web demasiado sencillos,
ya que dificultan el surgimiento de experiencias óptimas de navegación: las tareas a desarrollar serán tan fáciles o pautadas que ocasiona-
rán aburrimiento o apatía. Para evitar caer en esta monotonía, deben
incorporarse elementos espaciales, que cambien y capten la atención,
pero que no restrinjan la libertad de navegación ni interrumpan su concentración (anuncios publicitarios indeseados, esperas en línea y erro-
res de navegación causados por enlaces no actualizados, entre otros).

Al hilo de los dos tipos de motivaciones que pueden guiar el proceso de
decisión de compra, cabe aclarar que experimentar *flow* a la hora de navegar por la red también tiene su parte negativa. Y es que los consumidores,

al dejarse llevar por valores hedónicos, corren el riesgo de incurrir en un uso patológico y adictivo de Internet (Bridges y Florsheim, 2008), con las consecuencias negativas a nivel psicológico y comportamental que esto conlleva: alto grado de excitación y pérdida de control sobre el tiempo y el comportamiento durante la conexión, cambios en los hábitos relacionados con la salud y la alimentación, irritabilidad, desajuste emocional, trastorno del sueño, sedentarismo, aislamiento social, e interferencia en el ámbito familiar, académico o laboral, entre otras (Muñoz-Rivas et al., 2010; Parra et al., 2016).

Los profesionales de marketing raramente diseñan los sitios web con intención de crear esta disfunción en los usuarios, pero puede ocurrir, e incluso derivar en la realización de compras de forma compulsiva, especialmente cuando los consumidores tienen la autoestima baja y consideran Internet como una vía de escape. Ante esta posibilidad, se han de realzar los valores utilitarios (Bridges y Florsheim, 2008).

A pesar de haberse verificado la existencia de sensaciones de flujo en línea, aún no se ha esclarecido del todo qué tipo de comportamientos adoptan los consumidores cuando entran en este estado, ni qué orientaciones los guían (Rodríguez, 2006).

Con carácter tradicional, se ha considerado que el flujo en línea se ve favorecido por comportamientos exploratorios (Hoffman y Novak, 1996). En esta línea, Novak et al. (2000) hallaron que las experiencias óptimas se asocian de forma positiva con los usos de Internet con fines de diversión, entretenimiento y exploración; y negativamente con el desarrollo de tareas de carácter obligatorio. De manera análoga, Sénecal et al. (2002) concluyeron que el flujo ejerce influencia positiva sobre los beneficios o valores hedónicos de la experiencia de compra en línea de los consumidores, haciendo que el consumidor pase más tiempo en un determinado sitio web y que aumente la probabilidad de hacer compras no planificadas (Zhao et al., 2011).

Por el contrario, Rettie (2001) puso de manifiesto que existe mayor probabilidad de que el consumidor experimente flujo cuando lleva a cabo una tarea previamente definida, porque es más absorbente. Cuando el individuo navega por el mero hecho de entretenerse, se encuentra menos concentrado e involucrado en la tarea y se distrae con mayor facilidad (Gao y Bai, 2014; Liu y Shiue, 2014).

Como se puede constatar, existe una clara división en la literatura acerca de la perspectiva para abordar esta cuestión y los teóricos del flujo no han logrado llegar a un acuerdo. Asimismo, trabajos posteriores han confirmado que el flujo puede darse tanto en la realización de actividades exploratorias como dirigidas (Novak et al., 2003; Sánchez-Franco y Roldán, 2005). Por último, se muestra que el estado de flujo puede adoptar características distintas, dependiendo del tipo de tarea que se desempeñe, lo que llevaría a distinguir entre flujos hedónicos y flujos instrumentales (Smith y Sivakumar, 2004).

3.3. Experiencia de flujo en las redes sociales

3.3.1. Tipos de *engagement* y experiencia de flujo en las redes sociales

La digitalización de la sociedad está promoviendo cambios en todos los ámbitos, haciéndose patentes especialmente en el ámbito de la comunicación, en general, y en el de la comunicación comercial, en particular (Oviedo et al., 2015). Dentro de estos cambios podría incluirse la importancia que han cobrado los medios sociales, los cuales representan para las empresas una buena alternativa de comunicarse con segmentos de clientes atractivos (Murdough, 2009). Por esta razón, deben esforzarse por mantener y reafirmar su presencia *online* y desarrollar su creatividad a través de los canales sociales (Kim et al., 2010), aportando contenido "fresco", atractivo, original e interesante (siempre vinculado a la marca y que logre conectar con los adeptos a la misma), actualizándolo de manera frecuente, e incluyendo incentivos a la participación del consumidor (Ling et al., 2005; Zhang, 2010; Antin y Churchill, 2011).

La mayoría de los profesionales del marketing consideran que los medios sociales son un componente importante de sus iniciativas comerciales (Stelzner, 2013), y a menudo emplean estos canales para realizar actividades de marketing: *branding*, investigación de mercados, captación de clientes, servicio al consumidor, publicidad y promoción de ventas, y gestión de las relaciones con los clientes (más comúnmente conocido como soluciones CRM), entre otras (eMarketer, 2013; Alalwan et al., 2017).

Las campañas de marketing en medios sociales proporcionan puntos de contacto con la audiencia que contribuyen a mejorar la interacción con la misma y a profundizar en la relación marca-cliente, pudiendo obtener una cierta retroalimentación (Jahn y Kunz, 2012). Además, este tipo de campañas digitales favorecen el *engagement* de los consumidores con los contenidos en línea (Tuten y Solomon, 2013), para lo cual es necesario que la información que se brinda sobre la marca sea relevante (Schmitt, 2012). Los pensamientos, emociones, percepciones, imágenes y experiencias derivadas de estos puntos de contacto forman un conjunto de asociaciones con la marca en la mente del consumidor (Keller, 2009).

El marketing de redes sociales puede ser empleado, entre otras actividades, para incrementar la notoriedad de la marca y la preferencia por la misma, para promover la fidelidad y lealtad de los consumidores, para inspirar una comunicación boca-oreja, para generar tráfico hacia el sitio web de la compañía y mejorar su posición en los motores de búsqueda (Ashley y Tuten, 2015). Para el desarrollo de estas funciones es necesario un diálogo continuo entre empresa y consumidores, la publicación regular de contenido sobre la marca, ofrecer experiencias que de cierta forma "enganchen" al usuario, y la presencia social y participación de una *brand persona*[2] (Ashley y Tuten, 2015).

Uno de los principales objetivos que se persiguen con este tipo de iniciativas es mejorar el *engagement* del consumidor, el cual va más allá de la compra (Doorn et al., 2010). Se trata del compromiso que crea una marca con sus seguidores en el mundo digital y viceversa, es decir, el seguimiento y la interacción de los usuarios con sus marcas favoritas. En el ámbito de la *social media*, un consumidor comprometido es aquel que participa y comparte. Esta participación puede ser pasiva, que engloba simplemente el "consumo" de contenido social, o activa, incluyendo, además,

---

2 *Brand persona* es un concepto propio del ámbito del marketing de contenidos que hace referencia a la forma en que una empresa se proyecta hacia la audiencia a través de la personificación del estilo de su marca, incluyendo distintas características, como la expresión que se tiene en las redes sociales. Consiste en crear un personaje que represente a la marca en el lenguaje empleado, así como en el contenido publicado por la empresa, de tal forma que cuando un individuo interactúe con la marca tenga la sensación de estar hablando y comunicándose con una persona, y no con una empresa como tal (Aaker, 1997; Herskovitz y Crystal, 2010).

comportamientos como el envío de este contenido y de su propia opinión a su red de contactos (Hutton y Fosdick, 2011).

Martin y Todorov (2011) sugieren que los profesionales de la investigación comercial han de fomentar estrategias de *social media* basadas en el *engagement*, de tal forma que mantengan a los clientes conectados a la *brand story*[3] a lo largo del día. Crear contenido de marca *online* que cumpla estos objetivos puede resultar complicado. Por ejemplo, Sheehan y Morrison (2009) identifican cuatro retos a los que las empresas han de enfrentarse:

1) Usar los medios sociales de un modo efectivo.
2) Desarrollar una visión creativa.
3) Animar a los consumidores a contar sus propias historias.
4) Reinventar el modelo de los medios de comunicación de masas.

Para describir el concepto de *engagement*, estos autores asumen que los seres humanos somos intrínsecamente sociales y que buscamos crear y mantener relaciones no sólo con otras personas, sino también con las marcas. Cuando los profesionales del marketing adoptan un enfoque de *engagement* o compromiso, los mensajes que se transmiten sobre la marca giran desde una perspectiva transaccional hacia una perspectiva relacional, donde la marca pasa a formar parte de la propia identidad del consumidor (Sheehan y Morrison, 2009).

Relacionado con este concepto, y referido a las TIC en general (donde se enmarcan las redes sociales), Sharafi et al. (2006) propusieron un modelo de *engagement*, cuyo principio subyacente es que, a la vez que se precisan determinadas habilidades para usar las TIC, estas ayudan a los usuarios a adquirir ciertas destrezas. Para explicar la interacción del sujeto (en este caso, usuario tecnológico) con el objeto (en este caso, aplicación

---

3   En la comercialización de contenidos, la *brand story* consiste, básicamente, en contar y compartir la historia de una marca. Debe mostrar la personalidad que se esconde detrás de la marca, los contratiempos y los éxitos que han contribuido a que se llegue a la posición actual. Lo más probable es que algo o alguien en tu historia le haga recordar a tu público circunstancias similares, o valores de sus propias vidas. De este modo, el *brand story* humaniza tu empresa y permite que los lectores conecten contigo en un nivel más personal (Chiu et al., 2012; Lundqvist et al., 2013)

tecnológica), Sharafi et al. (2006) distinguen en su modelo tres partes claramente diferenciadas: dimensiones bipolares del *engagement*, cómo se combinan estas dimensiones para formar los distintos tipos de *engagement*, y la relación de los mismos con el estado de flujo.

Las dimensiones bipolares del *engagement* son tres: (a) evaluación: ¿el objeto es considerado positivo (del agrado del sujeto, que plantea objetivos alcanzables) o negativo (que no es del agrado del sujeto, que plantea objetivos inalcanzables)?; (b) locus de control[4]: ¿es el sujeto quien controla al objeto y puede usarlo para varios propósitos (Locus S) o por el contrario, el objeto controla al sujeto (Locus O)? y (c) foco de motivación[5]: ¿la actividad se centra en objetivos inherentes a la misma (Foco I o motivación intrínseca) o en metas externas (Foco E o motivación extrínseca)?

Con respecto a estas dimensiones, y ya introduciéndonos en la relación *engagement-flow*, Montgomery et al. (2004) apuntan lo siguiente:

1) Las experiencias de flujo van asociadas a una evaluación positiva del objeto.

2) El sujeto experimentará *flow* cuando posea el control del objeto (Locus S) pero a su vez este le plantee grandes retos (Locus O).

3) La elevada implicación que conllevan las experiencias de flujo supone ya en sí una recompensa (motivación intrínseca), pero también es necesaria para conseguir objetivos externos (motivación extrínseca).

Las interrelaciones entre estas tres dimensiones dan lugar a cinco tipos de *engagement*, como se puede apreciar en la Tabla 4. Pueden dividirse en dos grandes grupos: los que son experimentados como algo positivo y los que son experimentados como algo negativo (estos últimos aparecen en la tabla marcados con un asterisco). Los tipos de *engagement* positivos implican que el locus de control y el foco de motivación son congruentes entre sí y

---

4   En caso del Locus S, el objeto resulta de mayor utilidad gracias a las habilidades y conocimiento sobre su uso que posee el sujeto. En caso del Locus O, el sujeto percibe que el objeto tiene información que debe adquirir antes de usarlo; y la utilidad del objeto se deriva de su propio potencial más que de las habilidades del sujeto (Montgomery et al., 2004).

5   Kruglanski (1975) explica que cuando el individuo es motivado intrínsecamente, la actividad constituye el fin en sí misma, mientras que si la motivación es extrínseca, la actividad sería un medio para conseguir el fin.

Tabla 4. Tipos de engagement

		Locus de control	
		Locus O	Locus S
Foco de motivación	Foco E (motivación extrínseca)	Frustración/Ansiedad* Ambición/Curiosidad	Eficiencia/ Productividad
	Foco I (motivación intrínseca)	Placer/Aceptación	Elusión/Vacilación*

Fuente: elaboración propia a partir de Sharafi et al. (2006).

(*) Tipos de engagement negativos

facilitan la interacción durante el proceso de adquisición de habilidades. Por el contrario, los negativos surgen a partir de la incompatibilidad entre el nivel de competencias y los problemas o retos a superar, y de la incongruencia entre el locus de control y el foco de motivación.

1) **Eficiencia / Productividad:** el sujeto percibe que controla al objeto (Locus S), y puede usarlo para conseguir recompensas externas, que es lo que le motiva (Foco E). El objeto (cierta tecnología de la información), por tanto, será considerado como un instrumento útil (eficiencia) para lograr resultados valiosos (productividad). En este tipo de *engagement* existe congruencia entre el locus de control y el foco de motivación, lo que conduce a una evaluación positiva de la tecnología en cuestión. Por ejemplo, los influenciadores que están interesados en el uso de las redes sociales como un instrumento práctico para conseguir popularidad y las controlan a la perfección.

2) **Frustración / Ansiedad:** el sujeto siente que es controlado por el objeto (Locus O) y que carece de la habilidad necesaria para usarlo, habilidad que debe adquirir para lograr los objetivos externos que persigue (Foco E). En otras palabras, el sujeto se ve incapaz de manejar el objeto (tecnología) de la forma que quisiera (incongruencia), circunstancia que puede resultar amenazante, frustrante e incluso provocarle ansiedad, siendo experimentado como algo negativo. Estas son las sensaciones típicas de aquellos individuos a los que les parece muy complicado el uso de las redes sociales y se sientes incapaces de manejarlas.

3) **Ambición / Curiosidad:** este tipo de engagement y el anterior comparten las mismas dimensiones (razón por la cual aparecen en el mismo

cuadrante en la Tabla 4), pero en esta ocasión, el sujeto se ve capaz de dominar al objeto, y en vez de frustración, experimenta otras sensaciones positivas como son la ambición por superar la incongruencia locus-foco y la curiosidad por aprender sobre el objeto y cómo puede ser utilizado. Ocurre cuando la atención del usuario pasa a centrarse en la posibilidad de mejorar sus habilidades para alcanzar las recompensas asociadas al uso del objeto (tecnología). Es el caso de los usuarios de redes sociales que se esfuerzan por aprender cómo funcionan estas y las prestaciones que ofrecen.

4) **Placer / Aceptación:** se da cuando el objeto (aplicación tecnológica) ofrece, por ejemplo, entretenimiento o facilita las tareas y las hace más interesantes, y al sujeto le motiva recibir dichas aportaciones. La motivación deriva, por tanto, de la propia actividad que se está llevando a cabo (Foco I) y es el objeto quien controla al sujeto (Locus O). A consecuencia de la congruencia entre el locus y el foco, el sujeto acepta e incluso disfruta de lo que le ofrece el objeto y lo valora de forma positiva. Es el caso de los internautas que se crean perfiles en redes sociales por el simple hecho de que disfrutan de su uso, o porque las emplean como forma de entretenimiento.

5) **Elusión / Vacilación:** en esta situación, el sujeto experimenta un alto grado de control sobre el objeto (Locus S), tiene poco que aprender de la actividad en sí misma (ausencia de Locus O), y se centra en objetivos inherentes a la misma (Foco I). El locus de control no se corresponde con lo que el objeto puede ofrecer. Esta incongruencia locus-foco da lugar a una evaluación negativa del objeto y lleva a un comportamiento de elusión, titubeo y duda hacia éste. Por ejemplo, una persona que minimiza o incluso llega un momento en el que evita el uso de las redes sociales porque no le plantean ningún reto; sabe manejarlas y conoce tan bien su funcionamiento q le resultan aburridas.

En los siguientes párrafos se pondrá de manifiesto la relación existente entre los conceptos de *engagement* y *flow* en contextos virtuales. Básicamente, el *engagement* hace referencia a la implicación, involucración y compromiso de los consumidores con la actividad de las marcas en las redes sociales, algo muy similar conceptualmente a lo que ocurre cuando una persona entra en estado de flujo en cualquier otra situación.

Existe un estrecho vínculo entre ambos constructos, y es que para experimentar flujo, es necesario que exista un balance entre retos y habilidades, como se lleva apuntando a lo largo de todo el trabajo (Csikszentmihalyi, 1975, 1990). En términos de *engagement*, las habilidades se corresponderían con el locus de control S, y los retos, con el locus de control O. De esta forma, cuanto más desafiante es el reto, mayor es el dominio ejercido por el objeto sobre el sujeto. Para experimentar flujo, la persona debe reunir los requisitos que le permitan poseer el control del objeto y controlarlo, y además, el foco de motivación y el locus de control deben ser congruentes entre sí.

En definitiva, el estado de flujo aparece cuando se da una combinación óptima de los tres tipos de *engagement* positivos (placer/aceptación, ambición/curiosidad y eficiencia/productividad); es decir, cuando el sujeto ha de afrontar un reto que es percibido como disfrutable y que se puede alcanzar si se es eficiente. Sin embargo, estas dos situaciones no pueden darse de manera simultánea, puesto que corresponden a diferentes posiciones del locus de control. Aquí es donde entran en juego la ambición y la curiosidad, animando a los sujetos a enfrentarse a nuevos desafíos y conduciéndoles a encontrar el equilibrio adecuado entre los dos tipos de *engagement* que presentan congruencia locus-foco (placer/aceptación y eficiencia/productividad). Los tipos de engagement negativos (frustración/ansiedad y elusión/vacilación) aflorarán cuando no se den las condiciones necesarias para que surja el *flow* (Montgomery et al., 2004).

Del estudio de Sharafi et al. (2006) puede extraerse, además, la siguiente consideración: un diseño útil y la usabilidad de las aplicaciones tecnológicas dotan al usuario de un mayor control y libertad de elección, aspectos que contribuyen a mejorar la adquisición de competencias y habilidades por parte de los usuarios, haciendo que las interacciones con las TIC sean más eficientes, interesantes y se disfruten en mayor medida, y favoreciendo el estado de flujo.

3.3.2. La experiencia de flujo en el uso de las redes sociales en dispositivos móviles

Si bien hasta ahora se hacía referencia en el presente capítulo al estado de flujo en la *social media* en general, en este punto se concreta un poco más y el foco se pone en la tecnología móvil, dado su enorme despliegue y auge en los últimos años (Gao et al., 2015). El teléfono móvil se ha convertido en el centro de toda la actividad *online* (Informe Ditrendia 2018). Según la encuesta "Navegantes en la Red 2018", elaborada anualmente por el Estudio General de Medios (EGM), el 92,1% de los usuarios españoles accede a Internet mediante su dispositivo móvil, siendo el acceso a las redes sociales la cuarta actividad realizada con mayor frecuencia durante las conexiones a la red, por detrás de la consulta de correo electrónico, los servicios de mensajería instantánea y la navegación web.

El uso de las redes sociales a través de las aplicaciones móviles presenta una serie de ventajas para los usuarios con respecto a si accedemos a través de buscadores en otro tipo de dispositivos -ordenador de sobremesa, portátil y televisor, entre otros- (Gómez Tinoco, 2012; Gao y Bai, 2014). Entre estas ventajas destacan la ubicuidad u omnipresencia, la inmediatez y la conveniencia, aspectos que permiten a los internautas interaccionar con otras personas donde y cuando quieran (Kim y Han, 2014). Ahora bien, la tecnología móvil también tiene una serie de limitaciones, como son el menor tamaño de la pantalla, una resolución más baja, y respuesta más lenta, circunstancia que puede terminar afectando a la experiencia del usuario, y en consecuencia, a la continuidad en su uso (Varas, 2010; Son y Kim, 2016).

Con objeto de salvar estos inconvenientes y sacar provecho de las ventajas, Zhou et al. (2010) proponen un modelo que contextualiza la experiencia de flujo en las aplicaciones móviles para las redes sociales. En la explicación del modelo los autores distinguen entre dos determinantes o causas, que serían la *calidad de la información* y *del sistema*; dos efectos, que serían la *confianza* en la plataforma y el *estado de flujo* alcanzado durante su uso; y un resultado final, que sería la *lealtad o fidelidad* de los clientes.

Mientras que la calidad de la información proporcionada por los proveedores de servicios móviles hace referencia a lo precisa, exhausta y oportuna que debe ser ésta, la calidad del sistema refleja la fiabilidad, velocidad de respuesta, y facilidad de uso de la plataforma (Nelson y Todd, 2005; Wixom y Todd, 2005; Hsu et al., 2012; Abou-Shouk y Khalifa, 2017).

Al registrarse uno en una red social, se corre el riesgo de que la información personal que se facilita sea utilizada de forma inadecuada, e incluso adquirida por terceros con otros fines, sin nuestro conocimiento (Xu y Gupta, 2009; Shin, 2010). Para paliar esta posible falta de privacidad, y debido a la virtualidad, el anonimato de quien se encuentra detrás de los perfiles y la separación temporal y espacial, los proveedores de servicios móviles deben generar confianza en las plataformas y reducir la incertidumbre existente (Liu et al., 2010; Fogel y Nehmad, 2009; Jung y Kim., 2016).

Palvia (2009) y Kim et al. (2008) coinciden en que la confianza del internauta depende a su vez de tres dimensiones: las *habilidades* y el *conocimiento* necesario que han de tener los desarrolladores de las aplicaciones móviles para completar sus tareas; la *integridad* de los mismos para mantener sus promesas y no decepcionar a los usuarios; y la *benevolencia*, en el sentido de que han de mirar primero por los intereses de los usuarios y no por su propio beneficio.

Por último, Zhou et al. (2010), siguiendo los planteamientos teóricos de Koufaris (2002), apuntan que el *flow online* también se compone de tres dimensiones: *disfrute percibido*, considerado una motivación intrínseca; *atención focalizada*, que refleja el esfuerzo de concentración requerido por los usuarios cuando realizan varias tareas al mismo tiempo, y *control percibido* por los usuarios sobre las actividades y el entorno. Si los usuarios son eficaces en el manejo de las aplicaciones móviles en cuestión, o les resulta familiar, tendrán una elevada percepción de control.

Una vez definidos los distintos componentes del modelo conceptual, a continuación se describen las distintas relaciones entre ellos:

En primer lugar, una alta calidad de la información ofrecida y del sistema hacen alarde de la habilidad, integridad y benevolencia de los desarrolladores web, contribuyendo a generar satisfacción y confianza por parte de los usuarios, tanto en el comercio electrónico móvil como en el intercambio de datos entre organizaciones (Vance et al., 2008; Nicolaou y McKnight, 2006). Además, estos dos aspectos afectan a la experiencia óptima del consumidor y sus dimensiones (control y atención percibida y atención focalizada), por lo que se ha de invertir mucho esfuerzo y recursos en mejorarlos (Lin, 2008; Zhang, 2009)

En segundo término, si los usuarios confían en los servicios móviles y sus proveedores, se espera que tengan experiencias positivas (Kim et al., 2009). Esta afirmación pone de manifiesto la influencia de la confianza en el *flow*.

Por último, la confianza y la experiencia de flujo tienen efecto sobre la lealtad de los individuos hacia las plataformas sociales móviles (Jimenez et al., 2016). Esta fidelidad se traduce en la continuación de su uso, y en la valoración positiva que hacen sobre los suministradores de este tipo de servicios móviles (Ng y Kwahk, 2010). Mientras la confianza hace que se reduzcan los riesgos percibidos (Gupta and Kabadayi, 2010), el *flow* favorece la intención de recompra y de volver a visitar un sitio web (Hausman y Siekpe, 2009).

De este modelo conceptual se pueden extraer una serie de implicaciones prácticas o recomendaciones que se pueden aplicar si se persigue como fin último la fidelidad de los individuos (Suki, 2012). Estas medidas se pueden dividir en tres bloques:

1) Medidas para mejorar la *calidad del sistema*. Los desarrolladores de estos servicios móviles necesitan optimizar el sistema *back-end*[6] para proporcionar a los usuarios mayor velocidad de respuesta y servicios fiables (Vance et al, 2008). Además, para contrarrestar las debilidades que presentan los *smartphones* con respecto a otros dispositivos en cuestiones de pulgadas o calidad de imagen, es importante mejorar la interfaz móvil, estableciendo un diseño responsivo[7] y ofrecer plataformas que combinen usabilidad web y una navegación efectiva (Lee y Benbasat, 2004; Hsu et al., 2017).

2) Medidas para mejorar la *calidad de la información*. Los usuarios móviles deberían tener acceso a la información más actual, comprensible y precisa posible (Chen et al., 2017). Esto promueve el uso de plataformas sociales y mejora la experiencia de los sujetos, especialmente si se

---

6   En términos informáticos de diseño o programación, el *front-end* es la parte del software que interactúa con los usuarios, se encarga de recolectar sus datos de entrada, y los transforma ajustándolos a las especificaciones que demanda el sistema *back-end* para poder procesarlos (Valdivia, 2016).

7   El diseño responsivo es aquel capaz de adaptar la apariencia de los sitios webs a los diferentes formatos de dispositivos empleados para acceder y navegar por ellos (smartphone, tableta, ordenador de sobremesa, o portátil, entre otros). Esta técnica trata de redimensionar y colocar los elementos de la web de forma que se adapten al ancho de cada equipo de acceso, permitiendo una correcta visualización y una mejor experiencia de usuario (Labrada y Salgado, 2013; Veloz, 2016).

les ofrece información acerca de la localización exacta de sus amigos o contactos (Junglas y Watson, 2008; Kofod-Petersen et al., 2010). Sin embargo, este tipo de información requiere el consentimiento de los usuarios, que podrían ver violada su privacidad y disminuida su percepción de control, mostrando una actitud negativa hacia el servicio (Junglas et al., 2008).

3) Medidas para mejorar la *confianza*. Brindar a los usuarios una buena experiencia contribuye a generar referencias positivas (Palka et al., 2009; Lin et al., 2017). Ahora bien, si su experiencia es pobre, aparte de poder optar fácilmente por otra aplicación móvil, puesto que el coste de cambio de una plataforma a otra es mínimo (Maicas et al., 2009), los comentarios negativos se extienden con rapidez, poniéndose de manifiesto el efecto viral de las redes sociales (Wiedemann et al., 2008).

La intención de continuidad en su uso (determinada por el estado de flujo, la utilidad percibida y la satisfacción), es vital para el futuro de las aplicaciones de redes sociales móviles (Zhou, 2014), dado el rápido desarrollo de las mismas y la intensa competencia entre los proveedores de estos servicios, al ser homogéneos en cuanto a funciones y prestaciones ofrecidas (Hsu et al., 2013; Gao y Bai., 2014). Esto obliga a los responsables de estas plataformas a luchar por la lealtad de los consumidores si quieren conseguir un beneficio a largo plazo (Zhou et al., 2010). Retener a los consumidores es uno de los principales retos a los que hay que hacer frente para alcanzar el éxito en este tipo de servicios; tal es así que cuesta cinco veces más atraer a un nuevo usuario que mantener a los ya existentes (Reichheld y Schefter, 2000).

CAPÍTULO 4.

LA EXPERIENCIA DE FLUJO EN REDES SOCIALES: UN ANÁLISIS ESTADÍSTICO

CAPÍTULO 4. LA EXPERIENCIA DE FLUJO EN REDES SOCIALES: UN ANÁLISIS ESTADÍSTICO

Tras la revisión de la literatura sobre el estado de flujo, se ha decidido realizar un estudio empírico para conocer en mayor detalle dicha experiencia en el ámbito práctico de las redes sociales. El instrumento elegido para realizar este análisis estadístico ha sido el cuestionario, principal método cuantitativo de obtención de información primaria (Casas et al., 2003). Con los datos recabados a partir de las respuestas de los usuarios, se exponen y presentan los resultados obtenidos acerca de este fenómeno.

El análisis estadístico realizado consta de dos partes claramente diferenciadas:

1) **Análisis descriptivo,** del que se han extraído una serie de medidas de tendencia central y de dispersión (media, mediana, moda, desviación típica, índice de asimetría y curtosis, entre otras), y tablas de frecuencia de cada una de las variables/afirmaciones de la encuesta.

2) **Prueba *t* de diferencia de medias para muestras relacionadas,** para ver si existen diferencias significativas entre redes sociales según la percepción de los individuos de la muestra.

El presente capítulo se estructura en tres apartados: en el primero, se dan a conocer algunas cifras y tendencias que se están siguiendo en el uso de las redes sociales; en el segundo, se describe con detalle el tipo y contenido de la encuesta, así como la forma en que se ha llevado a cabo; y en el tercero, se expone con gráficos y tablas los principales resultados obtenidos tras el tratamiento estadístico de los datos. Este último apartado, se divide, a su vez, en tres subapartados, coincidentes con los bloques que configuran el cuestionario: datos personales, dimensiones básicas de la experiencia de flujo en redes sociales y dimensiones específicas de la experiencia de flujo en redes sociales.

4.1. Redes sociales en cifras

Las redes sociales forman parte del conjunto de plataformas web más recurrentes para navegar por Internet (Hudson et al., 2015). Según datos del último Estudio Anual de Redes Sociales, publicado por IAB Spain (2019), un 85% de los internautas de entre 16 y 65 años utilizan redes sociales, lo que representa más de 25,5 millones de usuarios en nuestro país.

En la actualidad, los usuarios visitan una media de 3,7 redes sociales a la vez, siendo Whatsapp la red social con mayor número de usuarios (88%), pero sin existir diferencia significativa en relación a Facebook, que ocupa el segundo lugar, con un 87%. A estas le siguen YouTube (68%), Instagram (54%) y Twitter (50%) –IAB Spain, 2019-. Además, según este mismo estudio, estas últimas cuatro plataformas mencionadas son las más conocidas: YouTube (83%), Twitter (87%), Facebook e Instagram (ambas con un 89%).

De acuerdo con la vigésimo primera edición del estudio "Navegantes en la Red", elaborado cada año por la AIMC (Asociación para la Investigación de Medios de Comunicación), y en línea con los resultados obtenidos por IAB Spain 2019, las redes sociales más utilizadas (tomando como base las personas que habían accedido a una misma red social en los últimos 30 días) son, por este orden, Facebook (80,9%), Instagram (51,2%) y Twitter (40,9%), seguidas de Linkedin, Google+ y Pinterest, por debajo del 30%.

Por otra parte, Hootsuite, la plataforma de gestión de redes sociales más utilizada, y We Are Social, agencia creativa especializada en *social media* y que cuenta con más de 800 profesionales, han lanzado Digital 2019, un informe anual que recoge datos sobre las tendencias digitales y redes sociales en más de 230 países de todo el mundo. Según este estudio, en nuestro país se invierten una media de 5 horas y 18 minutos diarios a conectarse a Internet a través de cualquier dispositivo (aproximadamente la tercera parte del tiempo que permanecemos despiertos), de las cuales 1 hora y 39 minutos se dedican al uso de las redes sociales, siendo YouTube (89%), WhatsApp (87%), Facebook (82%), Instagram (54%) y Twitter (49%), las plataformas favoritas de los españoles. Esta preferencia también se pone de manifiesto al analizar tendencias, ocupando Facebook y YouTube dos de las cinco primeras posiciones del ranking de búsquedas realizadas en 2018.

En este Top 5 también se encuentran las palabras o expresiones "tiempo", "el tiempo" y "traductor".

Como se puede observar, estos tres estudios/informes coinciden a la hora de situar Whatsapp, Facebook, Instagram, YouTube y Twitter entre las redes sociales más utilizadas en la actualidad. Este es el criterio que se utiliza para incluirlas en el análisis descriptivo, excepto WhatsApp, por considerar que no reúne todas las especificaciones técnicas o de diseño propias de una red social (Rubio-Romero y Perlado, 2015):

1) En WhatsApp no existe ni muro ni *Timeline*, por lo que no se difunden mensajes públicos y no es posible interactuar con las publicaciones o *posts* de los demás.

2) Los usuarios de redes sociales han de crearse un perfil con datos personales, mientras que WhatsApp solamente solicita el número de teléfono y un nombre.

3) No dispone de un buscador de contenidos o de usuarios.

4) No permite agregar o crear comunidades con desconocidos, el límite está fijado por los contactos de tu teléfono y por números válidos.

5) Por el momento no permite la inserción de publicidad.

Para esta investigación, por tanto, se ha creído más oportuno, conforme a lo apuntado, encuadrar WhatsApp dentro de los servicios de mensajería instantánea para dispositivos inteligentes. Se trataría, a grandes rasgos, de una aplicación gratuita que permite chatear e intercambiar información multimedia.

4.2. Descripción de la encuesta

La encuesta realizada se compone de 22 preguntas cerradas divididas en 3 bloques:

1. Dimensiones básicas de la experiencia de flujo en redes sociales.
2. Dimensiones específicas de la experiencia de flujo en redes sociales.
3. Datos personales.

Excepto las dos preguntas de clasificación (dicotómica la de sexo; y politómica, la que hace referencia a la edad), con el resto de cuestiones se trata de medir el grado de acuerdo o desacuerdo con una serie de afirmaciones a partir de una escala Likert de 7 puntos, tal y como vemos en la siguiente imagen[8] (Figura 1):

	Totalmente en desacuerdo						Totalmente de acuerdo
	1	2	3	4	5	6	7
Facebook	○	○	○	○	○	○	○
Instagram	○	○	○	○	○	○	○
YouTube	○	○	○	○	○	○	○
Twitter	○	○	○	○	○	○	○

Figura 1. Representación gráfica de la escala del cuestionario
Fuente: elaboración propia.

La estructura del cuestionario es la siguiente:

BLOQUE 1: DIMENSIONES BÁSICAS DE LA EXPERIENCIA DE FLUJO

Indique su grado de acuerdo o desacuerdo con las siguientes afirmaciones:

➤ **Equilibrio entre retos y habilidades**
1. El uso de las redes sociales me supone un reto asumible acorde con mis habilidades)

➤ **Percepción de control**
2. Soy yo quien regula los contenidos que se me presentan cuando uso:
3. Conozco perfectamente las consecuencias de usar:

---

8 Esta figura representa gráficamente el esquema de posibles respuestas que se podían dar a las 20 primeras preguntas o ítems del cuestionario. Por cada fila (red social), había que marcar uno de los círculos en función del grado de acuerdo o desacuerdo con la afirmación enunciada.

➤ **Atención focalizada**
4. Me encuentro totalmente concentrado cuando uso:
5. Mi atención se focaliza en la pantalla cuando uso:

➤ **Distorsión temporal**
6. Siento que el tiempo pasa rápido cuando uso:
7. Hasta que no finaliza la navegación, realmente no soy consciente del tiempo que he permanecido usando:

➤ **Claridad de los objetivos**
8. Tengo clara la finalidad con la que uso:

➤ **Retroalimentación**
9. Me permite conocer el impacto/reacciones que generan mis publicaciones

BLOQUE 2: DIMENSIONES ESPECÍFICAS DE LA EXPERIENCIA DE FLUJO

Indique su grado de acuerdo o desacuerdo con las siguientes afirmaciones:

➤ **Interacción**
10. Me permite compartir mis opiniones
11. Me permite establecer contacto con otros usuarios
12. Ofrece posibilidades interactivas con las publicaciones de los demás

➤ **Telepresencia**
13. Me hace sentir "virtualmente cerca" de personas que se encuentran lejos físicamente

➤ **Disfrute percibido**
14. Me parece interesante usar:
15. Considero divertido usar:
16. Considero emocionante usar:

➤ **Curiosidad sensorial y cognitiva**
17. Siento curiosidad por conocer las distintas acciones que me permite realizar:

➤ **Implicación**
18. El uso de esta red social hace que participe en sus contenidos
19. El uso de esta red social hace que me interese en sus contenidos

➢ Utilidad
20. Considero útil usar:

BLOQUE 3: DATOS PERSONALES

21. Sexo:
   ☐ Hombre
   ☐ Mujer

22. Generación a la que pertenece según su año de nacimiento:
   ☐ Baby Boomer (nacido antes de 1964 o ese mismo año)
   ☐ Generación X (nacido entre 1965 y 1979)
   ☐ Millenials o Generación Y (nacido entre 1980 y 1999)
   ☐ Generación Z (nacido a partir del 2000)

Se puede afirmar que las preguntas enunciadas son de elaboración propia, si bien se han tomado como referentes ítems y factores propuestos en estudios anteriores. En concreto, nos hemos basado en el instrumento de medida desarrollado por Kaur et al. (2016). Se han formulado para contemplar los diferentes aspectos que se han ido tratando en la presente investigación, en particular, las dimensiones básicas y específicas de una experiencia de flujo *online*.

Se trata de una encuesta auto-administrada *on-line*. El tipo de muestreo es no probabilístico y la muestra ha sido seleccionada según el interés o conveniencia, habiendo recurrido a poblaciones accesibles a través de G-mail, distintas redes sociales y servicios de mensajería instantánea, y habiendo aceptado su participación voluntaria. Para recolectar la información de la encuesta, se ha empleado la herramienta Google Forms, que permite realizar cuestionarios *online*. Asimismo, genera una base de datos al recibir las respuestas de los encuestados, que se puede descargar en Excel e introducir los datos en el programa de análisis estadístico SPSS. En cuanto a la periodicidad, se puede catalogar como una encuesta *ad-hoc* o puntual, elaborada con carácter específico para completar este estudio.

La muestra finalmente obtenida es de 270 personas, aspecto que nos permite, con carácter exploratorio, hacernos una idea acerca de la percepción que tienen los individuos sobre el uso de las redes sociales y sus efectos. Las impresiones que han compartido a través de sus respuestas nos han sido de utilidad para valorar la experiencia de flujo del usuario de las redes sociales objeto de estudio.

Con carácter previo a la difusión del enlace, se redactó una breve carta de presentación en la que se explica el fin de la investigación; se solicita colaboración por parte de los posibles encuestados, se expresaba el agradecimiento por la participación y se asegura el anonimato para aquellos que rellenan la encuesta. La carta en cuestión se incluyó a modo de encabezamiento, en el mensaje o publicación que precedía al enlace que redirigía a la encuesta, y decía así:

Estimado/a Sr. /Sra.

El Grupo de Investigación en Análisis Económico y Dirección de Marketing (AEDIMARK) de la Universidad de Extremadura está realizando una investigación sobre el uso de las redes sociales (Facebook, Instagram, YouTube y Twitter).

Le estaríamos muy agradecidos si pudiera cumplimentar el formulario que se incluye en el enlace de más abajo. No le llevará más de 7 minutos.

Sus respuestas son confidenciales y serán tratadas de forma agregada conforme a la normativa vigente en protección de datos.

A continuación, en la Tabla 5, se recogen de manera sintética algunos datos de interés sobre la muestra.

Tabla 5. Esquema-resumen sobre la muestra del análisis descriptivo

Recogida de información	Encuesta auto-administrada online (CAWI).
Tamaño de la muestra	270 personas (como se explica en el siguiente apartado, se pone énfasis en los 196 *Millenials* que han respondido al cuestionario, por ser la generación con mayor presencia en la muestra. En particular, suponen casi el 73% de la misma).
Tratamiento de la información	Estadístico, a través del programa informático SPSS.
Unidad muestral	Persona.
Método de muestreo	Muestreo no probabilístico de conveniencia.

Fuente: elaboración propia.

4.3. Tabulación y análisis

4.3.1. Datos personales

Tras revisar la hoja de cálculo Excel que contenía las respuestas a las distintas preguntas, se observa que la mayoría de ellas (en concreto, 196 de 270, lo que supone, aproximadamente, el 73% de la muestra) proceden de individuos pertenecientes a la Generación Y o *Millenials*. Debido al carácter residual del resto de generaciones, se ha optado por centrar la atención en este grupo de edad para realizar el análisis estadístico descriptivo.

Esta predominancia se fundamenta en que los *Millenials,* aparte de triplicar el tamaño de su generación antecesora, la X, son los primeros que han nacido en un entorno digital, y han crecido de forma paralela al avance de Internet, y al surgimiento y desarrollo de las redes sociales (Ruiz, 2017). Estos hechos han condicionado en gran medida sus valores, su trabajo y su forma de ver y relacionarse con el mundo (Duffet, 2015). Su interés por la adopción de nuevas tecnologías, el uso natural que hacen de las mismas para comunicarse con el mundo y su poder de compra, les sitúan en el centro de multitud de investigaciones sociológicas y académicas (Beauchamp y Barnes, 2015), convirtiéndoles en un objetivo prioritario para las marcas en el momento de planificar y emprender estrategias de marketing (Beauchamp y Barnes, 2015; Mobolade, 2016).

Los *Millenials* son adictos al móvil y sienten la necesidad de estar de manera continua conectados, recibiendo un flujo de información constante (Bolton et al., 2013; DeVaney, 2015). Usan sus dispositivos para multitud de tareas, como por ejemplo entablar relaciones sociales, buscar trabajo, comprar productos o contratar servicios (Parment, 2011), siendo Google y las redes sociales las primeras fuentes de información que consultan (Hershatter y Epstein, 2010).

De acuerdo con lo que concluye Ruiz (2017), los *Millenials* son usuarios intensivos de las redes sociales. Se puede afirmar así que es la generación con mayor presencia en las mismas y la que con mayor intensidad las usa, conforme a este último autor.

En cuanto al género, y tal y como se puede observar en la Figura 2, la muestra ha resultado ser mayoritariamente femenina, con un 60% de mujeres frente a un 40% de hombres, de forma aproximada. Con esto se hace patente que, en lo que se refiere al uso de Internet y las redes sociales, la

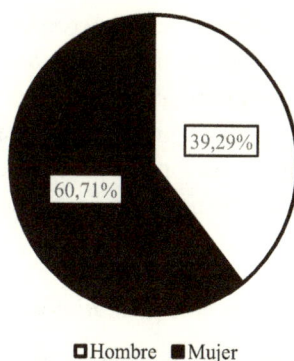

◻Hombre ■Mujer

Figura 2. Distribución del género de la muestra
Fuente: elaboración propia a partir de los resultados del cuestionario.

brecha de género ha desaparecido (MarketingNews, 2018). Según el último informe de la consultora de marketing <<Comunica Más por Menos>>, el ámbito de la *social media* cuenta ya con un papel destacado del sector femenino; las mujeres están aprovechando cada vez más este tipo de plataformas para desarrollar su potencial en las distintas facetas de su vida laboral y personal.

4.3.2. Dimensiones básicas de la experiencia de flujo en redes sociales

En línea con la Tabla 3 (Capítulo 3, p 38), y por considerar que se pueden medir con facilidad a través de un cuestionario con preguntas/ítems comprensibles para los usuarios, se han seleccionado como dimensiones básicas de la experiencia de flujo en redes sociales las siguientes: equilibrio o nivel de concordancia entre retos-habilidades; sensación de control percibido sobre el contenido al que se tiene acceso en este tipo de plataformas y las consecuencias de su utilización; grado de concentración y atención focalizada en la pantalla; percepción de rapidez del paso del tiempo o pérdida de la noción del mismo durante la navegación; conocimiento exacto de los objetivos que se persiguen con la *social media*; y retroalimentación o *feedback*, que en este contexto virtual podría hacer referencia a la información que te proporcionan las redes sociales y que te permite conocer y evaluar el alcance, impacto y efecto que tienen tus publicaciones.

Para extraer conclusiones acerca de la percepción que tienen los individuos sobre las plataformas sociales objeto de estudio, se realizó un análisis descriptivo a través del programa estadístico informático SPSS, análisis que fue complementado con una prueba *t* de diferencia de medias para muestras relacionadas. Estos fueron los principales resultados obtenidos para las dimensiones básicas de una experiencia de flujo en redes sociales:

Afirmación 1: El uso de las redes sociales me supone un reto asumible acorde con mis habilidades (ni muy fácil, ni muy difícil)

Aunque existe variedad de opiniones en este caso, para el 30% de la muestra, el manejo de las cuatro redes sociales sobre las que se preguntaba en este cuestionario (Facebook, Instagram, YouTube y Twitter) supone un reto asumible, con un nivel de complicación medio (ni muy fácil, ni muy difícil). Dicho de otra forma, los usuarios consideran poseer las destrezas necesarias y suficientes para hacer frente al desafío que plantea el uso de las TIC y más concretamente, el de la *social media.*

Parece no existir apenas diferencia entre las medias de las distintas redes sociales para esta primera afirmación (en los cuatro casos dicho valor medio se sitúa en torno al 4,5; salvo Instagram, que parece despuntar un poco y acercarse más al 5). Tras realizar el test *t* para muestras relacionadas (por pares de variables), se puede concluir que efectivamente no existe diferencia significativa entre sus medias, excepto al comparar Facebook e Instagram, donde p = 0,020 (<0,05), y, por tanto, podemos concluir que sus medias son significativamente distintas.

Afirmación 2: Soy yo quien regula los contenidos que se me presentan cuando uso la red social X

Excepto en el caso de Facebook, que parece seguir una distribución bimodal (valores 3 y 7 de la escala de Likert, con % muy igualados), en el caso de las otras 3 plataformas sociales protagonistas de la encuesta, aproximadamente la quinta parte de la muestra afirma poder regular los contenidos que se le presentan.

De nuevo parece no existir diferencia entre los valores medios de las distintas redes sociales analizadas (se sitúan alrededor del 4,5; si bien Facebook y Twitter se alejan algo más, por defecto y por exceso, respectivamente). Sin embargo, después de aplicar la prueba de diferencia de medias, se confirma que en el primer (p = 0,03) y tercer (p = 0,01) par de variables (al comparar Facebook con Instagram y Facebook con Twitter), existen diferencias significativas entre sus medias para esta segunda afirmación. En el resto de los casos p > 0,05, y por tanto, la percepción que tiene el individuo sobre su capacidad de regular los contenidos que se le presentan no varía de una red social a otra si se comparan dos a dos: Facebook-YouTube, Instagram-YouTube, Instagram-Twitter; YouTube-Twitter.

Afirmación 3: Conozco perfectamente las consecuencias de usar la red social X

En esta segunda afirmación sobre la percepción de control, sí existe consenso en las 4 redes sociales. Al igual que en el caso de la primera dimensión, el 30% de la muestra cree conocer a la perfección las consecuencias que se derivan del uso de las redes sociales (tanto positivas como negativas).

En cuanto al conocimiento de las consecuencias derivadas del uso de cada una de estas cuatro redes sociales, parece no existir mucha diferencia entre ellas si nos fijamos en los valores medios de las mismas. Esta idea ha sido corroborada con la prueba t: para los 6 pares de variables, p > 0,05, lo que en términos estadísticos se traduce como que no existe diferencia significativa entre las medias de las distintas redes sociales.

Afirmación 4: Me encuentro totalmente concentrado cuando uso la red social X

El grado de acuerdo con esta afirmación sobre la concentración no es muy elevado en ninguno de los casos. Esto se podría explicar por el hecho de que, normalmente, cuando una persona navega por las aplicaciones de las redes sociales, realiza otra tarea al mismo tiempo (trabajar, ver la TV, y hablar con otras personas, entre otras), aspecto negativo que impide concentrarse de forma plena en ninguna de las acciones que lleva a cabo.

Este hallazgo, sin embargo, contradice la teoría sobre *flow* que se ha descrito en capítulos anteriores, donde la concentración se erige como uno de los principales signos distintivos del estado de flujo. Y es que, como bien afirmaban Jackson y Csikszentmihalyi (2002) en una de sus primeras publicaciones sobre este fenómeno, lograr una concentración absoluta es bastante complicado; el individuo ha de ser capaz de abstraerse de la realidad. Pero conseguir esta completa abstracción en un entorno multitarea, donde lo más preciado es el tiempo, como ocurre en la vida cotidiana, no es nada fácil.

En este caso, la diferencia de medias es ya perceptible desde el análisis descriptivo: Facebook tiene una media claramente inferior al resto de las redes sociales (medio punto por debajo en el mejor de los casos). Esto se reafirma tras la aplicación del test t, donde se puede observar que en los 3 pares de variables en los que interviene Facebook, $p<0,05$, con lo cual se concluye que sí existe diferencia significativa entre las medias de esta plataforma comparada con las otras tres.

Afirmación 5: Mi atención se focaliza en la pantalla cuando uso la red social X

Sobre la falta de concentración plena durante el uso de las redes sociales que ya se ha mencionado en el ítem anterior, también podría incidir el consumo multipantalla, consistente en el uso simultáneo que se realiza de varios dispositivos tecnológicos como la televisión, el ordenador, la tableta, el móvil, y las videoconsolas, entre otros. Por ejemplo, un individuo puede estar viendo una serie en TV, buscando información sobre un producto en línea e interactuando con algún *influencer* en redes sociales. Esta tendencia, tan vigente en la actualidad, supone una excelente noticia para las marcas, que verán aumentado el número de impactos de sus comunicaciones publicitarias y probablemente, la receptividad de los consumidores (Pérez, 2008). Pero para aprovechar esta oportunidad deben hacer frente a un reto, la omnicanalidad, o capacidad de comunicarse con los clientes por diversos canales, a través de estrategias de marketing interactivo y/o de acciones de *cross-media marketing*[9].

---

9   Las acciones de *cross-media marketing* son aquellas que emplean (cruzan) diferentes canales, medios y soportes (tanto *online* como *offline*) para lanzar un mismo mensaje, adaptándolo siempre a cada circunstancia. Estas estrategias buscan el *feedback* del usuario basándose en múltiples canales que faciliten el diálogo con el potencial cliente. Algunos ejemplos de este tipo de marketing son: los *hashtags* de Twitter que aparecen en la pantalla al visionar ciertos programas de televisión, que invitan al usuario a comentar en esta red social lo

Según un estudio observacional de consumo real multipantalla llevado a cabo en España por Ymedia Vizeum (2018), este es un fenómeno consolidado, que se produce en el 98% de la población y durante una media de 43 minutos al día, siendo las mujeres las que más tiempo le dedican (un 30% más que los hombres). En el móvil, las aplicaciones más utilizadas al hacer multipantalla son WhatsApp, Youtube, Facebook, Gmail, Google, Instagram, Twitter, Wallapop y Clock.

La combinación de pantallas permite aprovechar más el tiempo, al poder realizar varias cosas a la vez. Pero no todo son ventajas, dado que, a pesar de que hacer varias tareas al mismo tiempo nos puede hacer sentir más productivos, en la mayoría de ocasiones sucede lo contrario (Martín Guart, 2017) Además, abusar de esta práctica puede producir problemas de atención y estrés; por lo que hay que aprender a utilizar todas las pantallas (tanto por separado como de forma simultánea) de forma correcta (Guerrero et al., 2018).

Esto queda de manifiesto en el caso de Facebook y de Twitter, donde los mayores porcentajes de respuesta se sitúan en los valores más bajos de la escala (mayor grado de desacuerdo con la afirmación). Según los resultados de la encuesta, los usuarios de Facebook y Twitter son incapaces de focalizar su atención en la pantalla mientras navegan por estas dos aplicaciones.

Los resultados de la prueba de diferencia de medias para esta quinta pregunta presentan ciertas similitudes con lo que ocurría en el ítem anterior. Al comparar Facebook con Instagram y con YouTube, obtenemos que $p<0,05$ en ambos casos, lo que permite afirmar que existe diferencia significativa entre sus medias. Es decir, dentro de la dificultad que tienen los individuos de alcanzar la concentración plena durante el uso de las redes sociales, parece ser que su atención se focaliza más en la pantalla al utilizar Instagram y YouTube, que cuando se trata de Facebook.

---

que está sucediendo en el programa, haciéndole partícipe del mismo; o acciones tan sencillas como incluir códigos QR en elementos de publicidad exterior, o la dirección web en en la documentación corporativa.

Afirmación 6: Siento que el tiempo pasa rápido cuando uso la red social X

En esta primera afirmación sobre la distorsión temporal, vuelve a darse una notable diferencia entre las distintas redes sociales. Mientras que en el caso de Facebook y Twitter, alrededor del 50% de la muestra se sitúa entre los valores más bajos de la escala (en desacuerdo), lo que significa que sienten que el tiempo no corre a una velocidad anormal, en el caso de Instagram y YouTube, sucede justamente lo contrario, y es que aseguran que el tiempo se les pasa rápido durante el uso de estas dos redes sociales.

La percepción alterada del espacio temporal presenta estadísticos descriptivos un tanto dispares. Estas irregularidades pueden ratificarse a través de la prueba *t* para Muestras Relacionadas: de los 6 pares de variables/redes sociales analizados, 4 de ellos (Facebook-Instagram, Facebook-YouTube, Instagram-Twitter, YouTube-Twitter) presentan diferencias significativas entre sus medias ($p < 0,05$).

Afirmación 7: Hasta que no finaliza la navegación, realmente no soy consciente del tiempo que he permanecido usando la red social X

Los resultados extraídos respecto a este ítem simplemente vienen a reafirmar la idea que se desprende del ítem anterior. Y es que mientras Instagram y YouTube parecen hacer perder la noción del tiempo de sus usuarios, Facebook y Twitter no lo consiguen. Esto va en consonancia con la dimensión de atención focalizada, ya que al no lograr que te quedes absorto en la pantalla (como es el caso de Facebook y Twitter), difícilmente experimentarás la sensación de que el tiempo se distorsiona.

Tras aplicar el test *t* para muestras relacionadas, estadísticamente se puede afirmar que los valores medios obtenidos para Facebook e Instagram son significativamente distintos ($p = 0,004$). Lo mismo ocurre al comparar Facebook con YouTube ($p = 0,005$). En ambos casos, la media de Facebook es ligeramente menor.

Afirmación 8: Tengo clara la finalidad con la que uso la red social X

En general, los usuarios tienen clara la finalidad con la que usan las cuatro redes sociales objeto de estudio. En la presente investigación no se ha preguntado cuáles son las metas que se persiguen con la *social media*, dado que conforme a la revisión de la literatura se entiende que es una cuestión innecesaria para analizar la experiencia de flujo. Ahora bien, otros estudios sugieren una serie de objetivos que se quieren lograr con la presencia en este tipo de plataforma, tales como:

1) En el caso de las empresas, se pretende llegar a un público más amplio, aumentar el tráfico hacia la web, conseguir notoriedad de marca, mejorar el posicionamiento y la atención al cliente, dar a conocer nuevos productos, generar confianza, cercanía y transparencia, y dar una imagen de corporación tecnológicamente avanzada, entra otras (Sixto, 2015; Santillán y Medrano, 2015). Todo ello sin perder de vista que el fin último de toda organización es incrementar las ventas.

2) En la esfera personal y privada, las redes sociales se emplean, entre otras cosas, para conocer gente nueva, comunicarte con amigos, aumentar tu red de contactos para conseguir empleo (práctica que se conoce con el nombre de *networking*), estar al tanto de noticias y eventos, ocupar el tiempo libre, encontrar contenido interesante, divertido o entretenido, o incluso buscar información sobre determinados productos (Colás et al., 2013).

Para esta octava afirmación, y tras realizar la prueba *t*, solamente si comparamos Facebook con YouTube se puede concluir que sus medias son significativamente distintas: Facebook presenta la media más baja y YouTube la más alta. En ninguno de los demás casos (pares de variables analizados) se pueden establecer estadísticamente estas diferencias; las medias de Instagram, YouTube y Twitter son muy parecidas, rondando el 5,2 o 5,3. Los resultados de este test vienen a reafirmar lo obtenido en el análisis descriptivo: los individuos presentan prácticamente el mismo grado de acuerdo en cuanto a la claridad de los objetivos con los que se usan estas cuatro redes sociales.

Afirmación 9: La red social X me permite conocer el impacto/reacciones que generan mis publicaciones

Las redes sociales permiten conocer el impacto, los efectos y reacciones que causan las publicaciones que se hacen en ellas. Esta retroalimentación puede traducirse, por ejemplo, en número de *likes, followers,* comentarios, cantidad de visualizaciones, o suscripciones, entre otras. A estas cifras se tiene acceso normalmente desde las propias plataformas, pero además, existen aplicaciones de analítica web que brindan métricas y estadísticas mucho más completas sobre el alcance y éxito de los *posts*, enfocadas principalmente a la maximización de resultados de campañas publicitarias en redes sociales. Algunas de estas herramientas de gestión de contenidos digitales son Hootsuite, Metricool, Google Analytics, Facebook Business y Business Twitter, entre otras.

De la prueba *t* para muestras relacionadas puede apreciarse que los tres casos en los que interviene YouTube son justo los que presentan diferencias significativas en sus medias respecto a las otras redes sociales con las que se compara (p<0,05). Según los resultados obtenidos del análisis estadístico, YouTube presenta la media más baja, lo cual quiere decir que es, según los encuestados, la plataforma que permite conocer en menor medida el impacto o reacciones que generan los contenidos que se publican en la misma.

4.3.3. Dimensiones específicas de la experiencia de flujo en redes sociales

Al igual que ocurría en el punto anterior (4.3.2 del índice), y siguiendo con la Tabla 3 (Capítulo 3, p 38), se han seleccionado como dimensiones específicas de la experiencia de flujo en redes sociales las siguientes: las posibilidades que ofrecen las distintas redes sociales de contactar y/o interaccionar con otros internautas o incluso con sus *posts;* la telepresencia o sensación que experimenta el individuo de estar virtualmente en un lugar que no es su ubicación física real; el interés, la diversión, la emoción y la curiosidad que suscita el uso de las redes sociales, el nivel de implicación o involucración con los contenidos de los distintos tipos de plataformas y, por último, la utilidad percibida.

Al igual que en el caso de la dimensiónes básicas, este análisis descriptivo también ha sido complementado con una prueba *t* de diferencia de medias para muestras relacionadas, del cual se han extraído una serie de conclusiones acerca de la percepción que tienen los individuos sobre las redes sociales analizadas en el presente trabajo.

Al tratar de favorecer el intercambio de información personal y contenidos multimedia con el fin de crear comunidades de usuarios, las redes sociales, por definición, ofrecen distintas posibilidades interactivas. Los internautas consideran que las redes sociales promueven esta interactividad a través de las distintas funcionalidades que ofrecen (compartir opiniones, establecer contactos, estrechar lazos, y dar *Me gusta*, entre otras).

Salvo en el caso del fomento de los vínculos interpersonales por parte de YouTube (los usuarios entienden que esta red social no propicia tanto como otras el contacto entre usuarios), un elevado porcentaje de la muestra (alrededor del 40%) está totalmente de acuerdo con cada afirmación para cada una de las redes sociales que forman parte de nuestro estudio.

Afirmación 10: La red social X me permite compartir mis opiniones

En cuanto a los resultados de la prueba *t*, este caso es muy similar al anterior, y a los dos siguientes, pero aparte de los tres pares de variables en los que está incluido YouTube, también resulta significativa la diferencia entre las medias de Instagram y Twitter. La conclusión que se extrae de este décimo ítem es que YouTube brinda menos posibilidades de compartir y expresar tus opiniones que el resto de las redes sociales analizadas en este estudio.

Afirmación 11: La red social X me permite establecer contacto con otros usuarios

Los resultados obtenidos para esta onceava afirmación ponen de manifiesto lo que se ha venido a decir en párrafos anteriores: YouTube ofrece menos posibilidades de interactuar con otros individuos que el resto de redes sociales objeto de estudio, sobre todo si se hace referencia al hecho de establecer contactos. Más de la mitad de la muestra se aglutina en torno a los 3 primeros valores de la escala (justamente los que indican desacuerdo). Según Geifman (2018), la audiencia de YouTube se divide en dos grupos: aquellos que **tratan de dar respuesta** a una necesidad, duda o consejo, mediante tutoriales, y aquellos que **buscan entretenimiento** (películas, música, humor, datos curiosos o contenido que no sea necesariamente útil o que los lleve hacia un producto o servicio). Como se puede deducir de nuestro estudio, y de acuerdo con este último autor, los internautas que hacen uso de esta plataforma de vídeo no persiguen crear comunidades de usuarios, ni establecer relaciones interpersonales con otras personas, a diferencia de lo que ocurre con otras redes sociales.

Los resultados obtenidos en la prueba *t* reafirman esta conclusión, pues son justamente los pares de variables en los que interviene YouTube los que presentan diferencias significativas en sus medias respecto a las demás redes sociales con las que se compara (p = 0,000<0,05). En particular, se puede apreciar que YouTube es la red social con la media más baja para esta undécima afirmación (más de un punto por debajo de la que le sigue, que es Twitter), lo que significa que los individuos consideran que no es una red social que permita establecer muchos contactos.

Afirmación 12: La red social X ofrece posibilidades interactivas con las publicaciones de los demás (Ej.: dar "me gusta")

Si se pone el énfasis en interactuar con las publicaciones en vez de con las personas, la brecha entre YouTube y el resto de redes sociales analizadas en nuestra investigación disminuye. Y es que por ejemplo, YouTube, al igual que Facebook (que es a la red social a la que más se asemeja en este aspecto), te permite mostrar públicamente si te gusta o no un vídeo, dando a un simple botón o haciendo un comentario; compartirlo en otras redes sociales o por correo electrónico, a través de un enlace; o descargarlo, entre otras acciones.

Tras la realización de la prueba de diferencia de medias para este ítem, se verifica una vez más lo que se venía diciendo a lo largo de estas tres últimas afirmaciones, que conjuntamente forman la dimensión de interactividad: YouTube se erige como la red social que menos posibilidades de interacción ofrece (entre las analizadas en el presente trabajo). De nuevo en esta pregunta, únicamente los tres pares de variables que incluyen a YouTube en la comparación (Facebook-YouTube, Instagram-YouTube y YouTube-Twitter) presentan diferencias significativas entre las medias de las redes sociales confrontadas en el análisis.

Afirmación 13: La red social X me hace sentir "virtualmente cerca" de personas que se encuentran lejos físicamente

Cerca de la tercera parte de los usuarios de la muestra están totalmente de acuerdo en que redes sociales como Facebook e Instagram favorecen la telepresencia, una experiencia de inmersión a través de la cual parece estar frente a frente, en el mismo lugar que los demás usuarios con las que te comunicas vía *online*. Esta sensación se puede conseguir, por ejemplo, a través de *stories*[10], donde los individuos muestran lo que están haciendo en un determinado momento, a través de videollamadas entre dos o más personas o mediante retransmisiones en *streaming*, que llevan aparejada la posibilidad de interacción por parte de los espectadores a través de comentarios que los protagonistas del vídeo pueden ir leyendo. Ambas acciones son posibles tanto en Facebook como Instagram, aunque en YouTube también se pueden hacer vídeos en directo. Twitter, sin embargo, no ofrece ninguna de estas prestaciones.

Los resultados de la prueba *t* confirman que Instagram y Facebook (por este orden) son las redes sociales que mayor sensación de telepresencia provocan, tal y como se adelantaba en el párrafo anterior. Se llega a esta conclusión porque es el único par de variables cuya p>0,05; lo que significa que la diferencia entre sus medias no es significativa.

Afirmación 14: Me parece interesante usar la red social X

En términos generales, a los usuarios les parece interesante usar Facebook, Instagram, YouTube y Twitter. De lo contrario, terminarían aburriéndose y cerrando sus perfiles o simplemente no accediendo a ellos de manera regular. De acuerdo con Zhou (2013), los internautas perciben la interacción con las redes sociales como algo intrínsecamente agradable, divertido e interesante; predisponiéndoles de manera positiva para volver a utilizarlas una y otra vez.

Para esta afirmación, la prueba *t* para muestras relacionadas ofrece resultados poco esclarecedores. Tanto los dos primeros pares de variables (Facebook-Instagram y Facebook-YouTube) como el último (YouTube-Twitter)

---

10 Las Instagram *stories* o Historias de Instagram son una herramienta disponible dentro de esta red social (aunque ahora también están presentes en Facebook), por medio de la cual se pueden compartir tanto fotos como vídeos en tu perfil de una forma más original y agregando diferentes complementos visuales (filtros, ubicación, hora, temperatura exterior, hashtags, dibujos, stickers, emojis, y música de fondo, entre otros). A diferencia de las publicaciones normales, estos contenidos son volátiles, es decir, tienen una duración determinada, 24 horas, periodo tras el cual desaparecen. Los desarrolladores aseguran que su propósito es permitir a los usuarios compartir *posts* informales acerca de sus actividades diarias.

presentan una probabilidad inferior a 0,05; por lo que las diferencias entre sus medias son significativas. Lo contrario ocurre con el tercer, cuarto y quinto par de variables.

Afirmación 15: Considero divertido usar la red social X

En términos generales, a los usuarios les parece divertido usar Facebook, Instagram, YouTube y Twitter; les entretiene navegar por las redes sociales; de ahí, que pasen tantas horas frente a las pantallas, hasta el punto de que en muchas ocasiones lleguen incluso a perder la noción del tiempo.

Los resultados del test *t* en este caso también son muy dispares. Tan sólo dos parejas de variables han obtenido una probabilidad (sig. bilateral) superior a 0,05 (Facebook-Twitter e Instagram-YouTube); por lo que se puede concluir que, estadísticamente, las medias de Facebook y Twitter, y de Instagram y YouTube no son significativamente distintas entre ellas. Existen diferencias significativas de media, en cambio, en los otros cuatro pares de redes sociales comparadas: Facebook-Instagram, Facebook-YouTube, Instagram-Twitter, YouTube-Twitter.

Afirmación 16: Considero emocionante usar la red social X

A diferencia de los dos ítems anteriores (interés y diversión), según los resultados de la encuesta realizada, ni el uso de Facebook, ni de Instagram, ni de YouTube ni de Twitter resultan demasiado emocionantes para los internautas, entendiendo por emocionante aquella actividad que promueve un estado afectivo o anímico intenso o que provoca un interés expectante. Las redes sociales van incorporando cada vez más funcionalidades e innovaciones, pero con esto no logran generar sensaciones de sorpresa como tal.

De la prueba *t* para muestras relacionadas se obtiene que la media de Facebook es significativamente distinta de la media de Instagram y de la de YouTube, por lo que se podría decir que, dentro de que la media no es muy alta en ninguno de los casos, Facebook está por debajo del resto de redes sociales objeto de estudio, resultando para los usuarios una plataforma que no es especialmente emocionante.

Afirmación 17: Siento curiosidad por conocer las distintas acciones que me permite realizar la red social X

Conforme a los resultados obtenidos, las redes sociales que más curiosidad despiertan entre los usuarios son Instagram y YouTube. El término curiosidad en el contexto de la *social media* viene determinado por aspectos como la complejidad, o el carácter novedoso e imprevisible, que impulsan el deseo de querer aprender a manejar con soltura estas tecnologías, o de conocer en profundidad las distintas prestaciones que ofrecen y las múltiples acciones que permiten llevar a cabo (Lowry et al., 2012).

En cuanto a los resultados arrojados por el test *t*, en este caso solamente se da una diferencia significativa de medias, entre Facebook e Instagram, donde p = 0,043<0,05. Los individuos consideran que Facebook es la red social que menos curiosidad despierta por conocer las distintas funcionalidades y prestaciones que ofrecen. Probablemente, estos resultados hubiesen sido totalmente diferentes si esta misma afirmación se le hubiese planteado a gente relacionada con el mundo empresarial (*community managers*, profesionales del marketing, o comerciales, entre otros), pues quizás Facebook es, junto a Instagram, la red social que mayores posibilidades ofrecen a la hora de realizar acciones promocionales y de comunicación; pero para poder aprovechar todas estas oportunidades que te brinda, primero es necesario conocerlas y saber cómo funcionan las distintas herramientas.

Afirmación 18: El uso de esta red social hace que participe en sus contenidos

Según los datos obtenidos a partir de la encuesta, Instagram es la red social que más favorece la participación de los usuarios en sus contenidos, por delante de Facebook, YouTube y Twitter (en este orden). Esto podría explicarse por las *Instagram stories*, de las que ya se ha hablado al analizar los resultados de la dimensión Telepresencia. Entre los complementos visuales que pueden añadirse a este tipo de publicaciones volátiles se encuentran las menciones a otros usuarios, las preguntas aisladas o las encuestas dicotómicas (sí o no) y de respuesta múltiple, opciones que favorecen, entre otras, la participación en los contenidos que publican otros usuarios. Las empresas también suelen aprovechar esta funcionalidad para organizar concursos, y llegar hasta los potenciales clientes.

Esta idea es reiterada con los resultados arrojados por la prueba *t*, pues son justamente los casos en los que interviene Instagram en los que se da una diferencia significativa entre medias. La media de Instagram es, por tanto, significativamente distinta y superior a la media de Facebook, a la de YouTube y a la de Twitter, en cuanto al hecho de favorecer la participación de los usuarios en sus contenidos.

Afirmación 19: El uso de esta red social hace que me interese en sus contenidos

Según los datos obtenidos a partir de la encuesta, Instagram, YouTube y Twitter son las redes que más interés por sus contenidos provocan en los usuarios. En cierta medida, lo que hace interesante a una red social son sus posibilidades interactivas (con personas y publicaciones) y los contenidos que aparecen en ellas. Mientras que las primeras dependen del diseño de la plataforma, los contenidos que logran captar la atención de los individuos se generan gracias a las denominadas *cookies,* unos pequeños archivos con información acerca de las configuraciones y preferencias del usuario que se almacena en el navegador del mismo cuando visita un sitio web. Estas galletas informáticas permiten, por ejemplo, que las redes sociales te muestren entre sus anuncios productos sobre los que previamente has buscado información o que incluso has añadido a "la cesta de la compra" o a la "lista de deseos" en un *marketplace,* y que, lógicamente, te interesan.

En esta ocasión, presentan diferencias significativas entre sus medias los siguientes pares de variables: Facebook-Instagram, Facebook-YouTube e Instagram-Twitter, cuyas probabilidades (sig. bilateral) son inferiores a 0,05. Esto concuerda en gran medida con lo que se apuntaba en el párrafo anterior, donde no se incluía a Facebook como una de las redes que más interés por sus contenidos provocan en los usuarios.

Afirmación 20: Considero útil usar la red social X

En líneas generales, los internautas consideran que tanto Facebook, como Instagram, YouTube y Twitter son sitios web de utilidad, entendiendo este concepto como la capacidad para contribuir al logro de sus objetivos, y de mejorar su rendimiento o desempeño (Sánchez-Franco y Roldán, 2005). Esta percepción de utilidad, unida a la usabilidad web, son dos factores determinantes para los individuos a la hora de aceptar y adoptar una nueva tecnología como son las redes sociales (Chang y Wang, 2008).

En esta penúltima afirmación (o última si sólo se tiene en cuenta las preguntas relacionadas con las dimensiones de la experiencia de flujo), son justo los casos en los que interviene YouTube, los que presentan diferencias significativas de medias entre esta red social y las otras tres plataformas con las que se compara.

CAPÍTULO 5.

CONCLUSIONES Y REFLEXIONES FINALES

CAPÍTULO 5. CONCLUSIONES Y REFLEXIONES FINALES

A lo largo de este quinto y último capítulo se ofrecen algunas conclusiones y reflexiones finales sobre el presente trabajo de investigación; se hace un breve repaso de los principales resultados obtenidos en el análisis estadístico sobre la experiencia de flujo en redes sociales realizado en el cuarto capítulo, a la vez que se examina cómo incide este fenómeno en el comportamiento del consumidor, y en definitiva, en la forma de actuar de las empresas.

No se debe perder de vista que el objetivo general del presente trabajo era el estudio de la experiencia de flujo en las redes sociales desde la óptica de la comercialización e investigación de mercados. Por ello, se ha dedicado gran parte del capítulo 3 a describir el comportamiento del consumidor en línea y a subrayar la importancia de los medios sociales para los profesionales del marketing, dado que juegan un papel fundamental en las decisiones de compra (Jiang et al., 2016), gracias a la gran variedad de estrategias y acciones que permiten realizar para llegar directamente a los (posibles) clientes y lograr su implicación emocional. Como ya se avanzaba en ese mismo capítulo, esta implicación emocional o compromiso, es lo que se conoce como *engagement,* un concepto que guarda relación con el de *flow* pero aplicado a entornos virtuales.

Asimismo, los factores emocionales que intervienen en las decisiones de compra (ya sean estas consumadas indistintamente en un entorno físico o virtual) han ganado peso en detrimento de otros aspectos más racionales o utilitarios. Hoy en día, lo que realmente valoran los consumidores es la experiencia completa que envuelve los actos de compra y consumo de un producto, y no tanto las características apreciables del mismo.

Pero cuando se hace referencia a emociones asociadas a la compra *online,* no sólo se habla de sensaciones positivas, puesto que la falta de visitas presenciales a los establecimientos crea cierta reticencia en los usuarios, que no pueden evaluar, ni mucho menos comparar, la calidad del producto, por ejemplo. Estos frenos o barreras se suplen induciendo a los consumidores a un estado de flujo: se comprueba que del *flow* se derivan experiencias óptimas de navegación en Internet y de éstas, a su vez, consecuencias positivas para las empresas u organizaciones que las facilitan: mayor disposición a examinar, retener y considerar la información del sitio web, e incluso a repetir la visita en un futuro no muy lejano (Hoffman y Novak, 1996).

A pesar de que algunos autores afirman que el *flow online* es irrelevante para el marketing (Zaithaml et al., 2002), queda de manifiesto que el flujo *online* es un concepto importante en el contexto del comercio electrónico, y una fuente de valor para los profesionales, por lo que debe jugar un papel crítico en las comunicaciones de marketing.

Las compañías que quieren informar, enseñar y convencer a los consumidores vía *online,* deben esforzarse por ofrecer una experiencia óptima creando un sitio web interactivo, que fomente la participación de quienes acceden a él, pero que evite distracciones innecesarias; un sitio web fácil de usar, visualmente atractivo, que permita completar las transacciones de forma fácil y ordenada. Estos detalles, entre otros, son los que propician una mayor absorción y concentración en la actividad, haciendo que aumente la capacidad de retención y procesamiento de la información de los internautas, y, en consecuencia, su curiosidad por continuar con la navegación (Liu y Shrum, 2009).

Pero no basta con que la *web* produzca estados cognitivos y emocionales positivos: las empresas con presencia en las redes sociales deben dar un paso más y promover no solo la interactividad con la página web, sino también la interacción social entre los propios consumidores (Zhang et al., 2014; Chang, 2013). Este es el trasfondo del *social commerce*, pero que básicamente consiste en aprovechar las contribuciones (consejos y recomendaciones) que otros usuarios hacen en plataformas sociales para encontrar productos y servicios que se adapten a tus necesidades, y adquirirlos, convirtiendo así las redes en espacios idóneos para impulsar las ventas (Hajli y Sims, 2015).

El uso de los ordenadores siempre se ha identificado como una labor desafiante, y en muchos casos, problemática. Esto es porque las actividades relacionadas con la informática requieren ciertas habilidades, paciencia y práctica. De todas formas, cuando una persona lleva a cabo una tarea complicada y que requiere una fuerte implicación en la misma, experimenta sensaciones positivas vinculadas al *flow*. La experiencia de flujo implica que el sujeto en interacción con un objeto, se concentra únicamente en el mismo, sin prestar atención a otros asuntos y olvidándose incluso de sí mismo. Entonces, el sujeto está completamente absorto en el *engagement* con el objeto (Montgomery et al., 2004).

Si se hace referencia a las dimensiones de la experiencia de flujo, quizás una de las que mayor incidencia tenga en el ámbito empresarial sea la distorsión temporal, pues si las organizaciones logran conseguir que sus actuales o potenciales clientes experimenten dicho estado al navegar por su página *web* o perfiles en redes sociales, o simplemente, al entrar en sus establecimientos físicos, tienen mucho terreno ganado y es que la mayoría de los estudios aseguran que cuanto más tiempo pase un cliente expuesto a los productos de una empresa, la probabilidad de que compre es mayor. Otra de las dimensiones con mayor relevancia, pero esta vez poniendo la atención en exclusiva al contexto *online*, es la telepresencia o sensación subjetiva de presencia, esto es, el individuo debe sentirse físicamente ubicado en el entorno virtual y percibir que existe una posibilidad real de compra

Otro de los aspectos que las compañías han de tener muy presente es el auge de las conexiones vía móvil. En poco tiempo, los *smartphones* se han convertido en el centro de la actividad *online*, por lo que las empresas deben cuidar el diseño, estructura y organización de los sitios webs para adaptarlo a todo tipo de dispositivos inteligentes.

En definitiva, para lograr conectar con segmentos de clientes atractivos, es vital que las empresas luchen por mantener y reafirmar su presencia *online* y que desarrollen su creatividad a través de los medios sociales, siempre promoviendo y facilitando la participación del consumidor (Antin y Churchill, 2011).

Si se focaliza la atención en los resultados del análisis descriptivo y la prueba *t* de diferencia de medias para muestras relacionadas, se puede concluir que Facebook es la red social (de entre el conjunto de plataformas objeto de estudio) peor valorada por los encuestados, y, por tanto, la que, según los individuos que conforman la muestra, promueve en menor medida experiencias de flujo durante su uso. Facebook presenta la media más baja en 13 de las 20 dimensiones que componen el cuestionario. Para algunas afirmaciones, no existe diferencia significativa entre la puntuación media de esta red social y la obtenida por el resto de redes, pero en la mayoría de los ítems, sí: son varios los ítems en los que justamente los pares de variables en los que interviene Facebook (Facebook-Instagram; Facebook-YouTube; Facebook-Twitter) presentan una probabilidad inferior a 0,05, lo que se traduce en que las medias de las dos variables comparadas son significativamente distintas.

Excepto Facebook, que de acuerdo con el análisis estadístico y como bien se deduce del párrafo anterior, es la red social que más despunta entre las cuatro plataformas objeto de estudio, podría decirse que las otras tres están algo más a la par (si atendemos a los resultados obtenidos en la prueba t de diferencia de medias, donde no se observan diferencias significativas entre ellas para la mayoría de las afirmaciones) en cuanto al grado y elementos característicos de las experiencias óptimas que les brindan a los usuarios a través de su uso. No obstante, se dan excepciones y casos a destacar, que mencionaremos a continuación.

Aunque en cómputo general sea Facebook la red que menos propicia el estado de flujo, presenta resultados muy positivos en algunas de las dimensiones, como es la sensación de telepresencia.

Instagram y YouTube favorecen una mayor concentración en la pantalla que las otras dos redes sociales. Este mayor nivel de focalización en la tarea que se está llevando a cabo provoca la pérdida de la noción del tiempo por parte de los usuarios, que realmente no son conscientes del tiempo que han permanecido usando las redes sociales hasta que finaliza la navegación. Por su parte, Instagram es, también, la red social que más favorece la participación de los usuarios en sus contenidos, y YouTube, la más útil para los usuarios.

Ante la afirmación: "*me permite conocer el impacto/reacciones que generan mis publicaciones*", YouTube es la plataforma que peores resultados descriptivos ha obtenido (su media en la más baja para este ítem), resultados que han sido nuevamente reafirmados con el test t. Además, es la red social que menos posibilidades ofrece de interactuar con otros individuos y de compartir o expresar opiniones. En definitiva, la interactividad (tanto con personas como con publicaciones) no es el punto fuerte de YouTube.

Twitter no sobresale en ninguna de las dimensiones, ni para bien, ni para mal. Esta neutralidad podría explicarse porque los individuos de la muestra en los que hemos centrado el estudio, los Millenials, quizás no hacen tanto uso de Twitter como de las otras redes sociales, por lo que no han podido responder a las preguntas referentes a esta plataforma con el mismo conocimiento de causa que por ejemplo, de Instagram, que es la red que, en términos generales, ha resultado ser la mejor valorada.

REFERENCIAS BIBLIOGRÁFICAS

Aaker, J.L. (1997). Dimensions of Brand Personality. Journal of Marketing Research, 34(3), 347–356.

Abdón, R. M. (2014). Flow: una perspectiva dicotómica (Trabajo de Grado). Universidad de Barcelona, Barcelona.

Abou-Shouk, M., y Khalifa, G. (2017). The influence of website quality dimensions on e-purchasing behaviour and e-loyalty: a comparative study of Egyptian travel agents and hotels. Journal of Travel and Tourism Marketing, 34(5), 608–623.

Agarwal, R. y Karahanna, E. (2000). "Time flies when you're having fun: cognitive absorption and beliefs about information technology usage", MIS Quarterly, Vol. 24 (4), 665–694.

AIMC (2019). 21° Estudio Navegantes en la Red. Consultado en línea: https://www.aimc.es/otros-estudios-trabajos/navegantes-la-red/ infografia-resumen-21o-navegantes-la-red/.

Alalwan, A., Rana, N., Dwivedi, Y., y Algharabat, R. (2017). Social Media in Marketing: A review and analysis of the existing literature. Telematics and Informatics, 34(7), 1177–1190.

Ali, F. (2016). Hotel website quality, perceived flow, customer satisfaction and purchase intention. Journal of Hospitality and Tourism Technology, 7(2), 213–228.

Al-Maskari, A. y Sanderson, M. (2010). A Review of Factors Influencing User Satisfaction in Information Retrieval. Journal of the American Society for Information Science and Technology, 61(5):859–868.

Animesh A., Pinsonneault A., Yang S. y Oh W. (2011). An odyssey into vortual worlds: exploring the impacts of technological and spatial environments on intention to purhcase virtual products. MIS Quaterly-Management Information Systems, 35(3), 789–810.

Antin, J., y Churchill, E.F. (2011). Badges in social media: A social psychological perspective. CHI 2011, May 7–12.

Ashley, C. y Tuten, T. (2015). Creative Strategies in Social Media Marketing: An exploratory Study of Branded Social Content and Consumer Engagement. Psychology and Marketing, 32(1), 15–27.

Babin, B. J.; Darden, W. R., y Griffin, M. (1994). «Work and/or fun: measuring hedonic and utilitarian shopping value». Journal of Consumer Research, 20(4), 644–656.

Bakker, A. B. (2005). Flow among music teachers and their students: The crossover of peak experiences. Journal of Vocational Behavior, 66, 26–44.

Barki, H., y Hartwick, J. (1989). "Rethinking the concept of user involvement", MIS Quarterly, 13(1), 53–63.

Beauchamp, M. B. y Barnes, D. C. (2015). Delighting Baby Boomers and Milenials: Factors that matter most. Journal of Marketing Theory and Practice, 23(3), 338 – 350.

Bhatnagar, A.; Misra, S.; y Rao, H. R. (2000). « On risk, convenience, and Internet shopping behaviour». Communications of the ACM, 43(1111), 98–105.

Bilgihan, A., Nusair, K., Okumus, F. y Cobanoglu, C. (2015). Applying flow theory to booking experiences: An integrated model in an online service context. Information y Management 52, 668–678.

Bilgihan, A., Okumus, F., Nusair, K., y Bujisic, M. (2014). Online experiences: flow theory, measuring online customer experience in e-commerce and managerial implications for the lodging industry, Inf. Technol. Tour, 14(1), 49–71.

Bliemel, M. y Hassanein, K. (2007). Consumer satisfaction with online health information retrieval: A model and empirical study. E-service Journal, 5(2), 53–83.

Bolton, R. N., Parasuraman, A., Hoefnagels, A., Migchels, N., Kabadayi. S., Gruber, T., y Solnet, D. (2013). Understanding generation Y and their use of social media: A review and research agenda. Journal of Service Management, 24(3), 245–267.

Branco, F., Sun, M., y Villas-Boas, J. (2015). Too much information? Information provision and search costs. Marketing Science, 35(4), 605–618.

Bridges, E. y Florsheim, R. (2008). Hedonic and utilitarian shopping goals: the online experience. Journal of Business Research, 61(4), 309–314.

Brynjolfsson, E., y Smith, M. D. (2000). «Frictionless commerce? A comparison of Internet and conventional retailers». Management Science, 46(4), 563–585.

Calero, A., e Injoque-Ricle, I. (2013). Propiedades psicométricas del Inventario Breve de Experiencias Óptimas (Flow). Evaluar 13 (2013), 40–55. ISSN 1667-4545.

Camacho, C., Arias, D. M., Castiblanco, Á., y Riveros, M. (2011). Revisión teórica conceptual de flow: medición y áreas de aplicación. Cuadernos hispanoamericanos de psicología, 11(1), 48–63.

Casas, J., Repullo, J.R., y Donado, J. (2003). La encuesta como técnica de investigación. Elaboración de cuestionarios y tratamiento estadístico de los datos (I). Aten. Primaria 2003, 31(8):527–538. Consultado en línea en el siguiente enlace: https://www.elsevier.es/es-revista-atencion-primaria-27-articulo-la-encuesta-como-tecnica-investigacion--13048140.

Celsi, R.L., y Olson, J.C. (1988). "The role of involvement in attention and comprehension processes", Journal of Consumer Research, 15(2), 210–224.

Colás, M., González, T. y Pablos, J. (2013). "Juventud y redes sociales: motivaciones y usos preferentes". Comunicar, 40, 15–23.

Csikszentmihalyi, M. (1975). Beyond boredom and anxiety. San Francisco: Jossey-Bass.

Csikszentmihalyi, M. (1982). Towards a Psychology of Optimal Experience. En L. Wheeler (Ed.). Annual Review of Personality and Social Psychology (13–36). Beverly Hills, CA: Sage.

Csikszentmihalyi, M. (1988). The flow experience and its significance for human psychology. In optimal experience. Psychological studies of flow in consciousness. New York: Cambridge University.

Csikszentmihalyi, M. (1990). Flow: the psychology of optimal experience. Nueva York: Harper and Row.

Csikszentmihalyi, M. (1992). Flow. The psychology of happiness. Londres: Rider.

Csikszentmihalyi, M. (1993). The Evolving Self: A Psychology for the Third Millennium. New York: HarperCollins.

Csikszentmihalyi, M. (1996). Creativity: Flow and the psychology of discovery and invention. New York: HarperCollins.

Csikszentmihalyi, M. (1998). Aprender a fluir. Barcelona: Kairós.

Csikszentmihalyi, M. (2005). Fluir. Una psicología de la felicidad. (10ª. Ed.). Barcelona: Kairós.

Csikszentmihalyi, M. (2009). El flujo. Emociones positivas (181–193). Madrid: Ediciones Pirámide.

Csikszentmihalyi, M. (2013). Fluir (Flow) Una psicología de la felicidad. Barcelona, España: Kairós, S. A.

Csikszentmihalyi, M., Larson, R. W., y Prescott, S. (1977). The Ecology of Adolescent Activity and Experience. Journal of Youth and Adolescence, 6(3), 181–294.

Csikszentmihalyi, M., y Asakawa, Kiyoshi (2016). «Universal and Cultural Dimensions of Optimal Experiences». Japanese Psychological Research 58(1), 4–13.

Csikszentmihalyi, M., y Csikszentmihalyi, I. (1998). Experiencia óptima. Estudios psicológicos del flujo en la conciencia: Bilbao: Desclée de Brouwer.

Csikszentmihalyi, M., y Larson, R. (1984). Being adolescent: conflict and growth in the teenage years. New York: Basic Books.

Csikszentmihalyi, M., y LeFevre, J. (1989). Optimal Experience in Work and Leisure. Journal of Personality and Social Psychology, 56(5), 815–822.

Csikszentmihalyi, M., y Rathunde, K. (1993). The measurement of flow in everyday life: Towards theory of emergent motivation. In J.E. Jacobs (Ed.), Developmental perspectives on motivation, 57 - 97. Lincoln: University of Nebraska Press.

Chang C. (2013). Examining users´ intention to continue usiong social network games: a flow experience perspective. Telematics and Informatics, 30(4), 311–321.

Chang, H.H., y Wang, I.C. (2008). "An investigation of user communication behaviour in computer mediated environments", Computers in Human Behavior, 24(5), 2.336–2.356.

Chang, Y. y Zhu, D. (2012). The role of perceived social capital and flow experience in building users´continuance intention to social networking sites in China. Computers in Human Behaviour, 28(3), 995–1001.

Chen, C., Zhang, K., Gong, X., Zhao, S., Lee, M., y Liang, L. (2017). Understanding compulsive smartphone use: an empirical test of a flow-based model. International Journal of Information Management, 37(5), 438–454.

Chen, H. (2006). Flow on the net–detecting Web users' positive affects and their flow states. Computers in human behavior, 22(2), 221–233.

Chen, H.; Wigand, R. T., y Nilan, M. (2000). «Exploring Web users' optimal flow experiences». Information Technology y People, 13(4), 263–281.

Chen, Y., Hsu, T., y Lu, Y. (2017). Impact of flow on mobile shopping intention. Journal of Retailing and Consumer Services, 41, 281–287.

Chen. H, Wigand. T, y Nilan. M.S. (1999). Optimal Flow Experience in Web Navigation. Computers in Human Behavior, 15, 585–608.

Chiu, H., Hsieh, Y. y Kuo, Y. (2012). How to align your brand stories with your products. Journal of Retailing, 88(2), 262–275.

Cho, E., y Kim, Y. -K. (2012). The effects of website designs, self-congruity, and flow on behavioral intention. International Journal of Design, 6(2), 31–39.

Cho, S., y Huh, J. (2010). Content analysis of corporate blogs as a relationship management tool. Corporate Communications: An International Journal, 15, 30–48.

Choi, J., Ok, C., y Choi, S. (2016). Outcomes of destination marketing organization website navigation: the role of telepresence. Journal of Travel and Tourism Marketing, 33, 46–62.

Chu, L. C. (2010). Flow Experience of Knowledge Workers: A Case Study of a Taiwanese Consultancy. The Journal of International Management Studies, 5(2), 216–226.

Chung, H. y Zhao, X. (2004). Effects of Perceived Interactivity on Web Site Preference and Memory: Role of Personal motivation. Journal of Computer-Mediated communication, 10(1).

Chung, J., y Tang, F.B. (2004). "Antecedents of perceived playfulness: an exploratory study on user acceptance of general information-searching websites", Information and Management, 41(7), 869–881.

Dailey, L. (2004). «Navigational web atmospherics. Explaining the influence of restrictive navigation cues». Journal of Business Research, 57(7), 795–803.

Davis, F.D.; Bagozzi, R.P., y Warshaw, P.R. (1989). "User acceptance of computer technology: a comparison of two theoretical models", Management Science, 35(8), 982–1.003.

Deng, L., Turner, D., Gehling, R. y Prince, B. (2010). User experience, satisfaction, and continual usage intention of IT. European Journal of Information Systems, 19(1), 60–75.

DeVaney, S.A. (2015). Understanding the Milenial Generation. Journal of Financial Service Professionals, 69(6), 11–14.

Dickinger, A. y Stangl, B. (2012). Online information search: Differences between goal-directed and experiential search. Information Technology y Tourism, 13(3), 239–257.

Díez de Castro, E.; Landa, F.J. y Navarro, A. (2006).Merchandising. Teoría y práctica. Ed. Pirámide, Madrid. ISBN: 9788436820386

Ding, D., Hu, P., Verma, R., y Wardell, D. (2010). The impact of service system design and flow experience on customer satisfaction in online financial services. Journal of Service Research, 13(1), 96–110.

Ding, X.D., Huang, Y., y Verma, R. (2011). Customer experience in online financial services: a study of behavioral intentions for techno-ready market segments, J. Serv. Manage, 22(3), 344–366.

Ditrendia (Digital Marketing Trends). 2018. "Informe Ditrendia: Mobile en España y en el Mundo 2018" [publicación en línea].

Domina, T., Leee, S. y MacGillivray, M. (2012). Understanding factors affecting consumer intention to shop in a virtual world. Journal of Retailing and consumer Services, 19(6), 613–620.

Doorn, J.V., Lemon, K., Mittal, V., Nass, S., Pick, D., y Pirner, P. (2010). Customer engagement behaviour: Theoretical foundations and research directions. Journal of Service Research, 13, 253–266.

Duffett, R. G. (2015). Facebook advertising's influence on intention-topurchase and purchase amongst Milenials. Internet Research, 25(4), 498–526.

eMarketer (2009). Small Business´ Online Plans (versión electrónica). Disponible en el enlace: http://www.emarketer.com/Article. aspx?R=1006847.

eMarketer (2013). Advertisers boost social and budgets in 2013.

Esteban, I. (2011). "Flujo y comportamiento del consumidor en línea: un análisis empírico de las experiencias de consumo de productos formativos". Tesis doctoral. Programa de doctorado sobre la Sociedad de la Información y el Conocimiento. Universitat Oberta de Catalunya.

Esteban-Millat, I., Martínez-López, F., Luna, D. y Rodríguez-Ardura, I. (2014). The concept of flow in online consumer behavior. In Handbook of strategic e-business management, pp 371–402.

Faiola, A., Newlon, C., Pfaff, M., y Smyslava, O. (2013). Correlating the effects of flow and telepresence in virtual worlds: enhancing our understanding of user behavior in game-based learning. Computers in Human Behavior, 29(3), 1113–1121.

Fang, X., Zhang, J. y Chan, S. (2013). Development of an instrument for studying flow in computer game play. Int. Journal of Human-Computers Interaction, 29(7), 456–470.

Fernández-Abascal, E.G.; Jiménez, M.P., y Martín, M.D. (2003). Emoción y motivación. La adaptación humana. Madrid: Ramón Areces.

Filep, S. (2007). 'Flow', sightseeing, satisfaction and personal development: exploring relationships via positive psychology. Cauthe Conference en Manly, New South Wales.

Finneran, C. M., y Zhang, P. (2005). Flow in Computer- Mediated Environments: Promises and Challenges. Communications of the Association for Information Systems, 15, 82 -101.

Fogel, J. y Nehmad, E. (2009). Internet social network communities: risk taking, trust, and privacy concerns. Computers in Human Behaviour, 25(1), 153–160.

Fritz, B. S., y Avsec, A. (2007). The experience of flow and subjective well-being of music students, 16(2) 5–17.

Gao I. y Bai X. (2014). Online consumer behaviour and its relationship to website atmospheric induced flow: Insights into online travel agencies in china. Journal of Retailing and consumer Services, 21(4), 653–665.

Gao, L., Waechter, K., y Bai, X. (2015). Understanding consumers' continuance intention towards mobile purchase: A theoretical framework and empirical study – A case of China. Computers in Human Behavior, 53, 249–262.

Gao, L., y Bai, X. (2014). An empirical study on continuance intention of mobile social networking services: Integrating the IS success model, network externalities and flow theory. Asia Pacific Journal of Marketing and Logistics, 26, 168–189.

García, T., Cervelló, E. M., Jiménez, R., Iglesias, D., y Santos-Rosa, F. J. (2005). La implicación motivacional de jugadores jóvenes de fútbol y su relación con el estado de flow y la satisfacción en competición. Revista de Psicología del Deporte, 14(1), 21–42.

Geifman, A. (2018). "¿Por qué YouTube no es una red social?". Consultado en línea en: https://www.merca20.com/por-que-youtube-no-es-una-red-social/.

Ghani, J. A., y Deshpande, S. P. (1994). Task characteristics and the experience of optimal flow in human-computer interaction. The journal of Psychology, 128, 381–391.

Gómez Tinoco, A. (2010). "El Mobile marketing como estrategia de comunicación", Revista Icono 14, 15, 238–260.

Guerrero, E.; González, C. y Kimber, D. (2018). «La televisión de los milleniales: una aproximación a sus hábitos de visionado». Anàlisi: Quaderns de Comunicació i Cultura, 59, 121–138.

Guo, Y. y Barnes, S. (2009). Virtual item purchase behaviour in virtual worlds: an exploratory investigation. Electronic Commerce Research, 9(1–2), 77–96.

Guo, Y. y Klein, B. (2009). Beyond the test of the four channel model of flow in the context on online shopping. Communication Association Informacion Systems, 24(1), 48.

Gupta, R. y Kabadayi, S. (2010). The relationship between trusting beliefs and web site loyalty: the moderating role of consumer motives and flow. Psychology y Marketing, 27(2), 166–185.

Gursoy, D., y McCleary, K. (2004). An integrative model of tourists' information search behavior. Annals of toursm Research, 31(2), 353–373.

Hajli, N., y Sims, J. (2015). Social commerce: The transfer of power from sellers to buyers. Technological Forecasting and Social Change, 94, 350–358.

Hallowell, E. y Ratey, J. (2004). Delivered from Distraction: Getting the Most Out of Life with Attention Deficit Disorder.

Hassanein, K., y Head, M. (2005). «The impact of infusing social presence in the web interface: an investigation across product types». International Journal of Electronic Commerce, 10(2), 31–55.

Hausman, A. y Siekpe, J. (2009). The effect of web interface features on consumer online purchase intentions. Journal of Business Research, 62(1), 5–13.

Havlena, W. J., y Holbrook, M. B. (1986). «The varieties of consumption experience: comparing two typologies of emotion in consumer behavior». Journal of Consumer Research, 13(3), 394–404.

Hershatter, A. y Epstein, M. (2010). Millenials and the world of work: an organization and management perspective". Journal of Business Psychology, 25(2), 211–223.

Herskovitz, S. y Crystal, M. (2010). The essential brand persona: storytelling and branding. Journal of Business Strategy, 31(3), 21–28.

Hill, K. (2001). Frameworks for sport psychology. Enhancing sport performance. Champaing. Human Kinectics.

Hirschman, E.C. (1980) Innovativeness, Novelty Seeking, and Consumer Creativity. Journal of Consumer Research, 7, 283–295.

Hoffman, D. y Novak, T. (2009). Flow online: Lessons Learned and Future Prospects. Journal of Interactive Marketing, 23(1), 23–34.

Hoffman, DL., y Novak, TP. (1996). Marketing in hyper-media computer-mediated environments: conceptual foundations. Journal of Marketing, 60(3), 50–68.

Holbrook, M. B., y Hirschman, E. C. (1982). «The experiential aspects of consumption: consumer fantasies, feeling, and fun». Journal of Consumer Research, 9(2), 132–140.

Hootsuite y We Are social (2019). Informe Digital 2019 España. Consultado en línea: https://www.orientamartamouliaa.es/ wp-content/uploads/2019/03/Informe-Digital-2019-Espa%C3%B1a-Hootsuite-2019.pdf .

Hsu, C., Chang, K., Kuo, N., y Cheng. Y. (2017). The mediating effect of flow experience on social shopping behaviour. Information Development, 33(3), 243–256.

Hsu, C., Chang, K., y Chen, M. (2012). The impact of website quality on customer satisfaction and purchase intention: perceived playfulness and perceived flow as mediators. Information Systems and e-Business Management, 10(4), 549–570.

Hsu, C., Wu, C., y Chen, M. (2013). An epirical analysis of the antecedents of e-satisfaction and e-loyalty: focusing on the role of flow and its antecedents. Information Systems and e-Business Management, 11(2), 287–311.

Hsu, C.L., Chang, K.C. y Chen, M.C. (2012). Flow experience and Internet shopping behaviour: investigating the moderating effect of consumer characteristics, Syst. Res. Behav. Sci, 29(3), 317–332.

Hsu, C.L., y Lu, H.P. (2004). "Why do people play online games? An extended TAM with social influences and flow experience", Information and Management, 41(7), 853–868.

Huang E. (2013). Interactivity and identification influences on virtual shopping. International Journal of electronic Commerce Studies, 4(2), 305–312.

Huang Z. y Beyouncef M. (2014). User preferences of social features on social commerce websites: an empirical study. Technological Forecasting and social Change, 95, 57–72.

Huang, E. (2012). Online experiences and virtual goods purchase intention. Internet Research, 22(3), 252–274.

Huang, M.H. (2006). "Flow, enduring, and situational involvement in the web environment: a tripartite second-order examination", Psychology y Marketing, 23(5), 383–411.

Huang, MH. (2003). Designing website attributes to induce experiential encounters. Comput Hum Beh, 19(4), 425–42.

Hudson, S., Huang, L., Roth, M. S., y Madden, T. J. (2015). The influence of social media on consumer-brand relationships: A three-country study of brand perceptions and marketing behaviours. International Journal of Research in Marketing, 33(2016), 27–41.

Hung, M., Chou, J., y Ding, C. (2012). Enhancing mobile satisfaction through integration of usability and flow. Engineering Management Research, 1(1), 44–58.

Hutton, G. y Fosdick, M. (2011). The globalization of social media: Consumer relationships with brands evolve in digital space. Journal of Advertising Research, 51, 564–570.

IAB Spain (2018). Estudio Anual de Redes Sociales, elaborado por Elogia. Disponible en versión reducida en el enlace: https://iabspain.es wp-content/uploads/estudio-redes-sociales-2018_vreducida.pdf .

IAB Spain (2019). Estudio Anual de Redes Sociales. Consultado en línea: https://iabspain.es/wp-content/uploads/estudio-anual-redes sociales-iab-spain-2019_vreducida.pdf .

Jackson, S. A., Thomas, P. R., Marsh, H. W., y Smethurst, C. J. (2001). Relationships between Flow, Self-Concept, Psychological Skills, and Performance. Jounal of Applied Sport Psychology, 13, 129–133.

Jackson, S. A., y Csikszentmihalyi, M. (1999). Flow in sports. United States of America: Human Kinetics.

Jackson, S. A., y Csikszentmihalyi, M. (2002). Fluir en el deporte. Barcelona, España: Editorial Paidotribo.

Jackson, S. A., y Marsh, H. W. (1996). Development and validation of a scale to measure optimal experience: The flow state scale. Journal of Sport y Exircive Psychology, 18, 17–35. Recuperado de http://www.getcited.org/pub/103340323

Jackson, S., Martin, A., y Eklund, R. (2008). Long and Short Measures of Flow: The Construct Validity of the FSS-2, DFS-2, and New Brief Counterparts. Journal of Sport and Exercise Psychology, 30, 561–587.

Jahn, B., y Kunz, W. (2012). How to transform consumers into fans of your brand. Journal of Service Management, 23, 344–361.

Jiang Z., Chan J., Tan B.C., y Chua W.S. (2010). Effects of interactivity on website involvement and purchase intention. Journal of the Association for Information Systems, 11(1), 34–59.

Jiang, G., Tadikamalla, P. R., Shang, J., y Zhao, L. (2016). Impacts of knowledge on online brand success: an agent-based model for online market share enhancement. European Journal of Operational Research, 248(3), 1093–1103.

Jiang, Z., y Benbasat, I. (2004). «Virtual product experience: effects of visual and functional control of products on perceived diagnosticity and flow in electronic shopping». Journal of Management Information Systems, 21(3), 111–147.

Jimenez, N., San-Martín, S., y Azuela, J. (2016). Trust and satisfaction: the keys to client loyalty in mobile commerce. Academia Revista Latinoamericana de Administración, 29(4), 486–510.

Jin, S. (2011). I feel present. Therefore, I experience flow: A structural equation modeling approach to flow and presence in video games. Journal of Bradcasting y Electronic-Media, 55(1), 114–136.

Ruiz Cartagena, J. J. (2017). "Millennials y redes sociales: estrategias para una comunicación de marca efectiva", en Miguel Hernández Communication Journal, 8, 347 a 367. Universidad Miguel Hernández,

UMH (Elche-Alicante). Consultado en línea en el siguiente enlace: http://dspace.umh.es/bitstream/11000/5191/1/196-867-1-PB.pdf

Jung, B., y Kim, H. (2016). The impact of trust in mobile instant messenger and platform on mobile contents purcgase intention: focusiong on Kakao platform and KakaoTalk emoticon. The Journal of Information Systems, 25(2), 131–152.

Junglas, L. y Watson, R. (2008). Location-based services. Communications of the ACM, 51(3), 65–69.

Junglas, L., Johnson, N. y Spitzmuller, C. (2008). Personality traits and concern for privacy: an empirical study in the context of location-based services. European Journal of Information Systems, 17(4), 387–402.

Kaur P., Dhir A., Chen S, y Rajala R. (2016). Flow in context: Development and validation of the flow experience instrument for social networking. Computers in human Behaviour, 59, 358–367.

Keller, J. (2008). Flow and Regulatory Compatibility: An Experimental Approach to the Flow Model of Intrinsic Motivation. . Pers. Soc. Psychol. Bull, 34(2), 196–209.

Keller, J., y Blomann, F. (2008). Locus of control and the flow experience: An experimental analysis. European Journal of Personality, 22(7), 589–607. doi: 10.1002/per.692

Keller, K.L. (2009). Building strong brands in a modern marketing communications environment. Journal of Marketing Communications, 15, 139–155.

Kim, C., Galliers, R., Shin, N., Ryoo, J., y Kim, J. (2012). Factors influencing Internet shopping value and customer repurchase intention. Electronic Commerce Research and Applications, 11, 374–387.

Kim, D., Ferrin, D., y Rao, H. (2008). A trust-based consumer decision-making model in electronic commerce: the role of trust, perceived risk, and their antecedents. Decision Support Systems, 44(2), 544–564.

Kim, G., Oh, E., y Shin, N. (2010). An empirical investigation of digital content characteristics, value, and flow. The Journal of Computer Information System, 50(4), 79–87.

Kim, G., Shin, B. y Lee, H. (2009). Understanding dynamics between initial trust and usage intentions of mobile banking. Information Systems Journal, 19(3), 283–311.

Kim, Y., y Han, J. (2014). Why smartphone advertising attracts customers: a model of web advertising, flow, and personalization. Computers in Human Behavior, 33, 256–269.

Kofod- Petersen, A., Gransaether, P. y Krogstie, J. (2010). An empirical investigation of attitude towards location-aware social network service. International Journal of Mobile Communications, 8(1), 53–70.

Koufaris, M. (2002). Applying the technology acceptance model and flow theory to online consumer behaviour. Information Systems Research, 13(2), 205–223.

Kruglanski, A. (1975). The endogenous-exogenous partition in attribution theory. Psichological Review, 83, 387–406.

Labbe, D., Ferrage, A., Rytz, A., Pace, J., y Martin, N. (2015). Pleasantness, emotions and perceptions induced by coffee beverage experience depend on the consumption motivation (hedonic or utilitarian). Food Quality and Preference, 44, 56–61.

Labrada, E. y Salgado, C. (2013). Diseño web adaptativo o responsivo. Revista digital Universitaria, ISSN: 1067–60710, 14(1), 1–9.

Lazoc, A. (2013). Information-seeking as optimal consumer experience. An empirical investigation. Journal of Knowledge Management, Economics and Information Technology, 3(6), 236–251.

Lee, M., y Tsai, T. (2010). What drives people to continue to play online games? An extension of technology model and theory of planned behaviour. International Journal of Human-Computer Interaction, 26(6), 601–620.

Lee, S., y Chen, L. (2010). The impact of flow on online consumer behaviour. Journal of Computer Information System, 50(4), 1.

Lee, Y. y Benbasat, I. (2004). A framework for the study of customer interface design for mobile commerce. International Journal of Electronic Commerce, 8(3), 79–102.

Leibovich, N. (2009). El concepto de flow (fluir) en el trabajo. Aristeo, 1(1), 93–106.

Liebermann, Y., y Stashevsky, S. (2002). «Perceived risks as barriers to Internet and e-commerce usage». Qualitative Market Research, 5(2), 291– 300.

Lin K.Y. y Lu H.P. (2011). Why people use social networking sites: an empirical study integrating network externalities and motivation theory. Computers in Human Behaviour, 27, 1152–1161.

Lin, H. (2008). Determinants of successful virtual communities: contributions from system characteristics and social factors. Information y Management, 45(8), 522–527.

Lin, X., Li, Y., y Wang, X. (2017). Social commerce research: Definition, research themes and the trends. International Journal of Information Management, 37(3), 190–201.

Lin, Y., Hsu, C., Chen, M., y Fang, C. (2017). New gratifications for social word-of-mouth spread via mobile SNSs: Uses and gratifications approach with a perspective of media technology. Telematics and Informatics, 34(4), 382–397.

Ling, K., Beenen, G., Ludford, P., Wang, X., Chang, K., Cosley, D., Frankowski, D., Terveen, L., Rashid, A.M., Resnick, P. y Kraut, R (2005). Using social psychology to motivate contributions to online communities. Journal of Computer-Mediated Communication, 10.

Liu, C. y Forsythe, S. (2010). Sustaining online shopping: Moderating role of online shopping motives. Journal of Internet Commerce, 9(2), 83–103.

Liu, H. y Shiue, Y. (2014). Influence of Facebook game players´behaviour on flow and purchase intention. Social Behavior and Personality: an International Journal, 42, 125–133.

Liu, Y. y Shrum, L. (2009). A dual-proecess model of interactivity effects. Journal of Advertising, 38(2), 53–68.

Liu, Z., Min, Q. y Ji, S. (2010). An empirical study of mobile securities management systems adoption: a task-technology fit perspective. International Journal of Mobile Communications, 8(2), 230–243.

López Torres, M., Torregosa, M. S., y Roca, J. (2007). Características y Relaciones de "Flow", Ansiedad y Estado Emocional con el Rendimiento Deportivo en Deportistas de Elite. Cuadernos de Psicología del Deporte, 7(1), 25–44

López, M. (2006). Características y relaciones de flow, ansiedad y estado emocional con el rendimiento deportivo en deportistas de elite. Barcelona: Universidad Autónoma.

López, M.P. (2009). El concepto de anomia de Durkheim y las aportaciones teóricas posteriores Iberóforum. Revista de Ciencias Sociales de la

Universidad Iberoamericana, 4(8), 130–147 Universidad Iberoamericana, Ciudad de México Distrito Federal, México.

Lowry, P., Gaskin, J., Twyman, N., Hammer, B y Roberts, T. (2012). Taking ´fun and games´seriously: Proposing the hedonic-motivation system adoption model (HMSAM). Journal of the Association for Information Systems, 14(11), 617–671.

Lundqvist, A., Liljander, V., Gummerus, J. y Van Riel, A. (2013). The impact of storytelling on the consumer brand experience: The case of a firm-originated story. Journal of Brand Management, 20(4), 283–297.

Luo, X. (2002). Uses and gratifications theory and consumer behaviours: A structural equation modeling study. Journal of Interactive Advertising, 2, 34–41.

Mahnke, R., Benlian, A. y Hess, T. (2014). Flow experience in information systems research: Revisiting its conceptualization, conditions, and effects. In Thirty fifth international conference on information systems, Auckland.

Maicas, J., Polo, Y. y Sese, F. (2009). The role of (personal) network effects and switching costs in determining mobile users´ choice. Journal of Information Technology, 24(2), 160–171.

Mäntymäki, M., Meriviki, J. y Islam, A. (2014). Young people purchasing virtual goods in virtual worlds: the role of user experience and social context. Digital Services and Information Intelligence. Springer, Berlin Heidelberg.

Mao, Y., Roberts, S., Pagliaro, S., Csikszentmihalyi, M. y Bonaiuto, M. (2016). Optimal experience and optimal identity: a multinational study of the associations between flow and social identity. Frontiers in Psychology, 7, 67.

Mariarcher, G., Ring, A. y Schneider, A. (2013). Same, same but different. How pictures influence emotional responses of users with different web search behaviours, pp 374–387.

Martín Guart, R. (2017). "Una visión global de los retos presentes y futuros de las agencias de medios". Tesis Doctoral por la Universitat Pompeu Fabra. Departamento de Comunicación.

Martin, A. J., Liem, G. A., Coffey, l., Martinez, C., Parker, P. P., Marsh, H. W., y Jackson, S. A. (2010). What Happens to Physical Activity Behavior, Motivation, Self-Concept, and Flow After Completing

School? A Longitudinal Study. Journal of Applied Sport Psychology, 22, 437– 457.

Martin, J., Mortimer, G. y Andrews, L. (2015). Re-examining online customer experience to include purchase frequency and perceived risk. Journal of Retailing and consumer Services, 25, 81–95.

Martin, K., y Todorov, I. (2010). How will digital platforms be harnessed in 2010, and how will they change the way people interact with brands? Journal of Interactive Advertising, 10, 61–66.

Martínez, A.M. (2015). Revisión teórica sobre el estado positivo del "Flow". Trabajo fin de grado. Universidad de Jaén.

Martínez, F. J.; Martínez, F. J., y Luna, P. (2005). «Las motivaciones de comportamiento de consumo on-line». Madrid: Ed. Pirámide. Pág. 349–370.

Maslow, A.H. (1943). A theory of human motivation. Psychological Review, 50, 370–396.

Maslow, A.H. (1968). Toward a psychology of being (2ª Ed.). Pricenton: Van Nostrand.

Massimini, F., y Carli, M. (1988). The systematic assessment of flow in daily experience. In M. Csikszentmihalyi y I. S. Csikszentmihalyi (Eds.), Optimal experience: Psychological studies of flow in consciousness (p 266–287). Cambridge University Press.

Massimini, F., y Carli, M. (1986). "La selezione psicologica umana tra biologia e cultura", en F. Massimini; P. Inghilleri (eds.). L'esperienza cuotidiana. Milán (Italia): Franco Angeli.

Mathwick, C.; Rigdon, E. (2004). "Play, flow, and the online search experience", Journal of Consumer Research, 31(2), 324–332.

McCole, P., Ramsey, E., y Williams, J. (2010). Trust considerations or attitudes towards online purchasing: the moderating effect on privacy and security concerns. Journal of Business Research, 63(9–10), 1018–1024.

McFayden, E. (1985). "How good merchandising has transformed the retail scene. New directions in merchandising", Retail and distribution Management, julio-agosto, 1985, pp 16–21

McInnis, D., Moorman, C., y Jaworski, B. (1991). Enhancing and measuring consumers´motivation, opportunity and ability to process brand information. Journal of Marketing, 55, 32–53.

McKnight, D. H.; Choudhury, V., y Kackmar, C. (2002), «The impact of initial consumer trust on intentions to transact with a Web site: a trust-building model». The Journal of Strategic Information Systems, 1111(3), 297–323.

Meseguer, A.; Rodríguez, I., y Vilaseca, J. (2003). «Situación y perspectivas del comercio electrónico en España: un análisis a través del volumen del negocio electrónico». Esic Market, 1111(4), 77–107.

Mesurado, B. (2008). Validez factorial y fiabilidad del Cuestionario de Experiencia Óptima (Flow) para niños y adolescentes. Revista Iberoamericana de Diagnóstico y Evaluación Psicológica, 25(1), 159–178.

Mesurado, B. (2009). Comparación de tres modelos teóricos explicativos del constructo experiencia óptima o flow. Interdisciplinaria, 26(1), 121–137.

Mobolade, O. (2016). How to market effectively to Millennials. Recuperado de https://www.warc.com/SubscriberContent/Article/A107430_How_to_mark et_effectively_to_Millennials/107430.

Moe, W. W. (2003). «Buying, searching, or browsing: differentiating between online shoppers using in-store navigational clickstream». Journal of Consumer Psychology, 13(1), 29–39.

Mollá, A. (2006). Comportamiento del consumidor. Barcelona: Editorial UOC.

Mollen A y Wilson H. (2010). Engagement, telepresence and interactivity in online consumer experience: reconciling scholastic and managerial perspectives. Journal of Business Research, 63(9), 919–925.

Moneta, G. B., y Csikszentmihalyi, M. (1996). The effect of perceived challenges and skills on the quality of subjective experience. Journal of Personality, 64(2), 275–310. doi: 10.1111/j.1467-6494.1996.tb00512.x

Montgomery, H., Sharafi, P., y Hedman, L. (2004). Engaging in activities involving Information Technology: dimensions, modes and flow. Human Factors: the Journal of the Human Factors and Economics Society, 46(2), 334–348.

Moon, J.W., y Kim, Y.G. (2001). "Extending the TAM for a World-Wide-Web context", Information y Management, 38(4), 217–230.

Morales-Solana D., Esteban-Millat I., y Alegret Cotas A. (2018). Flow and Consumer Behavior in an Online Supermarket. In: Martínez-López

F., Gázquez-Abad J., Chernev A. (eds) Advances in National Brand and Private Label Marketing. Springer Proceedings in Business and Economics. Springer, Cham.

Moreno Murcia, J. A., Cervelló Gimeno, E., y González-Cutre, D. (2008). Relationships among Goal Orientations, Motivational Climate and Flow in Adolescent Athletes: Differences by Gender. The Spanish Journal of Psychology, 11(1), 181–191.

Moreno, J. A., Alonso, N., Martínez Galindo, C., y Cervelló, E. (2005). Motivación, disciplina, coeducación y estado de flow en educación; Diferencias según la satisfacción, la práctica deportiva y la frecuencia de práctica. Cuadernos de Psicología del Deporte, 5, 225–243.

Muñoz-Rivas, M., Fernández, L., y Gámez-Guadix, M. (2010). Análisis de los indicadores del uso patológico de Internet en estudiantes de universidades españolas. Spanish Journal of Psychology, 13(2), 697–707.

Murdough, C. (2009). Social Media measurement: It´s not impossible. Journal of Interactive Advertising, 10, 94–99.

Nah, F., Eschenbrenner, B., Zeng, Q., Telaprolu, V. y Sepehr, S. (2014). Flow in gaming: Literature synthesis and framework development. International Journal of Information systems and Management, 1(1), 83–124.

Navegantes en la Red (2018). Encuesta AIMC a Usuarios de Internet (Vigésima edición). Consultado en: http://download.aimc.es/aimc/ARtu5f4e/macro2017/#page=3.

Naylor, R., Lamberton, C., y West, P. (2012). Beyond the Like button: The impact of mere virtual presence on brand evaluations and purchase intentions in social media settings. Journal of Marketing, 76, 105–120.

Nel, D.; Niekerk, R.; Berthon, J. P., y Davies, T. (1999). "Going with the flow: web sites and customer involvement", Internet Research: Electronic Networking Applications and Policy, 9(2), 109–116.

Nelson, R. y Todd, P. (2005). Antecedents of information and system quality: an empirical examination within the context of data warehousing. Journal of Management Information Systems, 21(4), 199–235.

Ng, E. y Kwahk, K. (2010). Examining the determinants of mobile internet service continuance: a customer relationship development perspective. International journal of Mobile Communications, 8(2), 210–229.

Nicolaou, A. y McKnight, D. (2006). Perceived information quality in data exchanges: effects on risk, trust, and intention to use. Information Systems Research, 17(4), 332–351.

Novak, T. P.; Hoffman, D. L., y Duhachek, A. (2003). «The influence of goal-directed and experiential activities on online flow experiences». Journal of Consumer Psychology, 13(1), 3–16.

Novak, T. P.; Hoffman, D. L., y Yung, Y. F. (2000). «Measuring the customer experience in online environments: a structural modeling approach». Marketing Science, 19(1), 22–42.

Orta-Cantón, A., y Sicilia-Camacho, A. (2015).Investigando los momentos óptimos en el deporte: una revisión del constructo flow. Revista Brasileira de Ciências do Esporte, 37(1), 96–103.

Oviedo, M., Muñoz, M., y Castellanos, M. (2015). La expansión de las redes sociales. Un reto para la gestión de marketing. Contabilidad y Negocios, 10(20), 59–69.

Ozkara, B., Ozmen, M. y Kim, J. (2015). Exploring the relationship between information satisfaction and flow in the context of consumers´online search. Computers in Human Behaviour, 63, 844–859.

Ozkara, B., Ozmen, M. y Kim, J. (2017). Examining the effect of flow experience on online purchase: a novel approach to the flow theory based on hedonic and utilitarian value. Journal of Retailing and Consumer Services, 37, 119–131.

Pagani M., y Mirabello A. (2011). The influence of personal and social-interactive engagement in social TV web sites. International Journal of Electronic Commerce, 16(2), 41–68.

Palka, W., Pousttchi, K. y Wiedemann, D. (2009). Mobile word-of-mouth – a grounded theory of mobile viral marketing. Journal of Information Technology, 24(2), 172–185.

Palvia, P. (2009). The role of trust in e-commerce relational exchange: a unified model. Information y Management, 46(4), 213–220.

Park H. y Kim Y.K. (2014). The role of social network websites in the consumer-brand relationship. Journal of Retailing and consumer Services, 21, 460–467.

Park, C., y Young, S. (1986). "Consumer response to television commercials: the impact of involvement and background music on brand attitude formation", Journal of Marketing Formation, 23(1), 11–24.

Park, S., y Hwang, H. S. (2009). Understanding online game addiction: Connection between presence and flow. En Human-Computer Interaction. Interacting in Various Application Domains (378–386). Springer Berlin Heidelberg. Dhombreoi: 10.1007/978-3-642-02583-9_42

Parment, A. (2011). Generation Y in Consumer and Labour Markets. New York; Routledge.

Parra, V., Vargas, J.I., Zamorano, B., Peña, F., Velázquez, Y., Ruiz, L., y Monreal, O. (2016). Adicción y factores determinantes en el uso problemático de Internet, en una muestra de jóvenes universitarios. Revista electrónica de Tecnología Educativa, 56, 60–73.

Pelet, J., Ettis, S., y Cowart, K. (2017). Optimal experience of flow enhanced by telepresence: Evidence from social media use. Information y Management, 54(1), 115–128.

Pérez, J.M. (2008). "La sociedad multipantallas: retos para la alfabetización mediática". Comunicar, 16(31), 15–25.

Privette, G. (1983). Peak experience, peak performance, and flow: A comparative analysis of positive human experiences. Journal of Personality and Social Psychology, 45(6), 1361–1368. https://doi.org/10.1037/0022-3514.45.6.1361

Punj, G. (2012). Consumer decision making on the web: a theoretical analysis and research guidelines. Psychological Marketing, 29(10), 791–803.

Quinn, R. W. (2005). Flow in knowledge work: High performance experience in the design of national security technology. Administrative Science Quarterly, 50(4), 610–641.

Reeve, M.J. (1994). Motivación y Emoción. Madrid: Mc Graw Hill.

Reeves, B.; y Nass, C. (1996). The media equation: how people treat computers, television, and new media like real people and place. Stanford (California): CSLI Publications y Cambridge University Press.

Reichheld, F. y Schefter, P. (2000). E-loyalty: your secret weapon on the web. Harvard Business Review, 7(8), 105–113.

Rettie, R. (2001). «An exploration of flow during Internet use». Internet Research: Electronic Networking Applications and Policy, 11(2), 103–113.

Richard, M., y Habibi, M. (2016). Advanced modeling of online consumer behavior: The moderating roles of hedonism and culture. Journal of Business Research, 69(3), 1103–1119.

Richard, M.O., y Chandra, R. (2005). "A model of consumer web navigational behavior: conceptual development and application. Journal of Business Research, 58(8), 1019–1029.

Roberts, B. W., Walton, K. E., y Bogg, T. (2005). Conscientiousness and health across the life course. Review of General Psychology, 9, 156–168.

Rodríguez, A. Aguilar. Cifre, E. y Salanova, M. (2003). Operacionalizando el flow ¿se puede medir la experiencia óptima en el uso de ordenadores? Octava jornada de fomento de la investigación de la Univerisitat Jaume.

Rodríguez, A., Cifre, E., y Salanova, M. (2008). Cómo mejorar la salud laboral generando experiencias óptimas. Gestión Práctica de Riesgos Laborales, 46, 20–25.

Rodríguez, I. (2006). «Experiencias óptimas de navegación y compra en línea: una aproximación al comportamiento del consumidor en la Red a través del concepto de flujo». UOC Papers [artículo en línea]. Nº. 3. UOC. ISSN 1885-1 541.

Rodríguez-Ardura, I. (2008). Marketing.com y comercio electrónico en la sociedad de la información (3ª. ed.). Madrid: Ediciones Pirámide y ESIC Editorial.

Rodríguez-Ardura, I. (2014): Marketing Digital y Comercio Electrónico. Editorial Pirámide, Madrid.

Rodríguez-Sánchez, A. M., Schaufeli, W. B., Salanova, M., y Cifre, E. (2008). Flow experience among information and communication technology users. Psychological Reports, 102, 29–39.

Rose, S., Clark, M., Samouel, P. y Hair, N. (2012). Online customer experience in e-retailing: An empirical model of antecedents and outcomes. Journal of Retailing, 88(2), 308–322.

Rubio-Romero, J. y Perlado Lamo de Espinosa, M. (2015): El fenómeno WhatsApp en el contexto de la comunicación personal: una aproximación a través de los jóvenes universitarios, Icono 14, 13, 73–94.

Ruiz, J.J. (2017): "Millennials y redes sociales: estrategias para una comunicación de marca efectiva", en Miguel Hernández Communication Journal, 8, 347 a 367. Universidad Miguel Hernández, UMH (Elche-Alicante).

120   REFERENCIAS BIBLIOGRÁFICAS

Ryan, R. y Deci, E. (2000b). Intrinsic and extrinsic motivation: Classic definitions and new directions. Contemporary Educational Psychology, 25, 54–67.

Salanova, M. Martínez, I. M., Cifre E. y Schaufeli, W. (2005). ¿Se pueden vivir experiencias óptimas en el trabajo? Analizando el Flow en contextos laborales. Revista de Psicología General y Aplicada, 58 (1), 89–100.

Salanova, M., Bakker, A. B., y Llorens, S. (2006). Flow at Work: Evidence for an Upward Spiral of Personal and Organizational Resources. Journal of Happiness Studies, 7, 1–22.

Sánchez-Franco, M. J. (2005). «La utilidad, la facilidad de uso y el disfrute percibidos en la navegación on line». Marketing en Internet: estrategia y empresa. Madrid: Ed. Pirámide, 349–370.

Sánchez-Franco, M. J. y Roldán, J. L. (2005). «Web acceptance and usage model. A comparison between goal-directed and experiential web users». Internet Research, 15(1), 21–48.

Santillán, L. y Medrano, E. (2015). "Las redes sociales: una alternativa al marketing de las PYME`s". Revista Publicando, 2(4). 2015,111–121.

Schmitt, B. (2012). The consumer psychology of brands. Journal of Consumer Psychology, 22, 7–17.

Schüler, J., y Nakamura, J. (2013). Does Flow Experience Lead to Risk? How and for Whom. Applied Psychology: Health and Well-Being, 5(3), 311–331.

Seifert, T., y Hedderson, C. (2010). Intrinsic Motivation and Flow in Skateboarding: An Ethnographic Study. Journal of Happiness Studies, 11(3), 277–292.

Seligman, M. y Csikszentmihalyi, M. (2000). Positive Psychology: An Introduction. American Psychologist 55(1):5–14.

Sénécal, S.; Gharbi, J. E. y Nantel, J. (2002). «The influence of flow on hedonic and utilitarian shopping values». Advances in Consumer Research, 29(1), 483–484.

Sharafi, P.; Hedman, L., y Montgomery, H. (2006). "Using information technology: engagement modes, flow experience, and personality orientations", Computers in Human Behavior, 22(5), 899–916.

Sheehan, K., y Morrison, D. (2009). The creativity challenge: Media confluence and its effects on the evolving advertising industry. Journal of Interactive Advertising, 9, 40–43.

Sheldon P. (2008). Student favorite: Facebook and motives for its use. Southwesterns Mass Communucations Journal, 23(2), 39–55.

Sheldon, K.M y King, L. (2001). Why positive psychology is necessary. American Psychologist, 56, 216–217. doi: 10.1037/0003-066X.56.3.216

Shernoff, D. J., Csikszentmihalyi, M., Schneider, B., y Shernoff, E. S. (2003). Student engagement in high school classrooms from the perspective of flow theory. . School Psychology Quarterly, 18(2), 158–176.

Shih, C. F. (1998). «Conceptualizing consumer experiences in cyberspace». European Journal of Marketing, 32(7), 655–663.

Shin, D. (2010). Ubiquitous computing acceptance model: end user concern about security, privacy and risk. International Journal of Mobile Communications, 8(2), 169–186.

Sicilia, M.; Ruiz, S., y Munuera, J.L. (2005). "Effects of interactivity in a web site. The moderating effect of need for cognition". Journal of Advertising, 34(3).

Sixto, J. (2015). "Desarrollo de las redes sociales como herramienta de marketing. Estado de la cuestión hasta 2015". Anagramas Rumbos y Sentidos de la Comunicación, vol. 13, núm. 26, enero-junio, 2015, 179–196.

Smith, A. D., y Rupp, W. T. (2003). «Strategic online customer decision making: leveraging the transformational power of the Internet». Online Information Review, 27(6), 418–432.

Smith, D. N., y Sivakumar, K. (2004). «Flow and Internet shopping behaviour. A conceptual model and research propositions». Journal of Business Research, 57(10), 1199–1208.

Son, D., y Kim, K. (2016). The effect of SNS fatigue and negative emotions on SNS discontinuance intention. The Journal of Information Systems, 25(2), 111–129.

Statista (2016). Number of global social network users 2010–2020. Recuperado de http://www.statista.com/statistics/278414/number-of-worldwide-socialnetwork-users/

Stelzner, M. (2013). The 2013 social media marketing industry report. Social Media Examiner.

Steuer, J. (1992). «Defining virtual reality: dimensions determining telepresence». Journal of Communication, 42(4), 73–93.

Stone, G.P. (1954). City shoppers and urban identification: observations on the social psychology os city life. The american journal os Sociology, 60, 36–45

Suh, B., y Han, I. (2002), «Effect of trust on customer acceptance of Internet banking». Electronic Commerce Research and Applications, 34(1), 247–263.

Suki, N. (2012). Correlations of perceived flow, perceived system quality, perceived information quality, and perceived user trust on mobile social networking service (SNS) user´s loyalty. Journal of Information Technology Research, 5(2), 1–14.

Taylor, S., y Todd, P.A. (1995). "Understanding information technology usage: a test of competing models", Information Systems Research, 6(2), 144–176.

Teng, C., Huang, L., Jeng, S., Chou, Y., y Hu, H. (2012). Who may be loyal? Personality, flow experience and customer e-loyalty. International journal of electronic Customer Relationship Management, 6(1), 20–47.

Torres, M. G. J., Izquierdo, D.G., y Godoy, G. J. F. (2012). Relación entre los motivos para la práctica físico-deportiva y las experiencias de flujo en jóvenes: diferencias en función del sexo. Universitas Psychologica, 11(3), 909–920.

Trevino, L. K., y Webster, J. (1992). Flow in computer-mediated communication: Electronic mail and voice mail evaluation and impacts. Communication Research, 19(5), 539–573. https://doi.org/10.1177/009365092019005001

Tuten, T. y Solomon, M (2013). Social media marketing. Upper Saddle River, NJ: Pearson.

Unger, L. S., y Kernan, J. B. (1983). «On the meaning of leisure: an investigation of some determinants of the subjective experience». Journal of Consumer Research, 9(3), 381– 392.

Usluel, Y. y Vural, F. (2009). Adaptation of cognitive absorption scale to Turkish. Ankara university. Journal of Faculty of Educational Sciences, 42(2), 77–92.

Valdivia, J.J. (2016). Modelo de procesos para el desarrollo del front-end de aplicaciones web. Interfases, ISSN-e 1993-4912, Nº 9, pags. 187–208.

Van Boort, G., Voorveld, H. y Reijmersdal, E. (2012). Interactivity in Brand Web Sites: Cognitive, Affective, and Behavioral Responses Explained by

Consumers´ Online Flow Experience. Journal of Interative Marketing, 26, 223–234.

Van Noort, G. y Willemsen, L. (2012). Online Damage Control: the effects of proactive versus reactive webcare interventions in consumer-generated and brand-generated platforms. Journal of Interactive Marketing, 26(3), 131–140.

Vance, A., Cristophe, E. y Straub, D. (2008). Examining trust in information technology artifacts: the effects of system quality and culture. Journal of Management Information Systems, 24(4), 73–100.

Varas, C. (2010). "Tesis sobre marketing móvil". Universidad Abierta Interamericana. Facultad de Ciencias de la Comunicación.

Veloz, A. (2016). De la interfaz del usuario al responsive web design. Revista AUC, 37, 59–66.

Voiskounsky, A. E., y Smyslova, O. V. (2003). Flow-based model of computer hackers' motivation. CyberPsychology y behavior, 6(2), 171–180. doi: 10.1089/109493103321640365.

Voorveld, H., Neijens, P. y Smit, E. (2011). The relation between actual and perceived interactivity: What makes the web sites of Top Global Brands truly interactive? Journal of Advertising, 40(2), 77–92.

Voorveld, H., Niejens, P.C., y Smit, E. (2010). Opening the black box: Understanding cross media effects. Journal of Marketing Communications, 17, 69–85.

Wang, J., y Calder, B. (2009). Media engagement and advertising: Transportation, matching, transference and intrusion. Journal of Consumer Psychology, 19, 546–555.

Webster, J.; Trevino, L. K., y Ryan, L. (1993). «The dimensionality and correlates of flow in human computer interactions». Computers in Human Behavior, 9(4), 411– 426.

Wiedemann, D., Haunstetter, T. y Pousttchi, K. (2008). Analyzing the basic elements of mobile viral marketing – an empirical study. 7th International conference on mobile Business.

Wilson R.E., Gosling S.D. y Graham L.T. (2012). A review of Facebook research in the social sciences. Perspectives of Psychological Science, 7(3), 203–220.

Wixom, B. y Todd, P. (2005). A theoretical integration of user satisfaction and technology acceptance. Information systems Research, 16(1), 85–102.

Wolfinbarger, M., y Gilly, M. C. (2001). «Shopping online for freedom, control, and fun». California Management Review, 43(2), 34–55.

Wu, L., Wang, Y., Wei, C. y Yeh, M. (2015). Controlling information flow in online information seeking: The moderating effects of utilitarian and hedonic consumers. Electronic Commerce Research and Applications, 14(6), 603–615.

Wu, Y., C. J., Shen, J. P., y Chang, C. L. (2015). Electronic service quality of Facebook social commerce and collaborative learning. Computers in human behavior, 51, 1395–1402.

Xia, L. (2002). «Affect as information: the role of affect in consumer online behaviors». Advances in Consumer Research, 29(1), 93–99.

Xu, H. y Gupta, S. (2009). The effects of privacy concerns and personal innovativeness on potential and experienced customers´s adoption of location-based services. Electronic Markets, 19, 137–149.

Ymedia Vizeum (2018). Primera investigación sobre consumo, exposición publicitaria y eficacia multipantalla real.

Yu, J.; Ha, I.; Choi, M., y Rho, J. (2005). "Extending the TAM for t-commerce", Information yManagement, 42(7), 965–976.

Zaithaml, V., Parasuraman, A., y Malhotra, V. (2002). Service Quality Delivery Through Web Sites: A Critical Review of Extant Knowledge. Journal of the Academy of Marketing Science 30(4):362–375.

Zanjani, S., Milne, G., y Miller, E. (2016). Procrastinators´ online experience and purchase behaviour. Journal of the academy of Marketing Science, 44(5), 568–585.

Zhang, H., Lu, Y., Gupta, S., y Zhao, L. (2014). What motivates customers to participate in social commerce? The impact of technological environments and virtual customer experiences. Information y Management, 51(8), 1017–1030.

Zhang, J. (2010). To play or not to play: An exploratory content analysis of branded entertainment in Facebook. American Journal of Business, 25, 53–64.

Zhang, M., Chen, G., y Wei, Q. (2016). Discovering consumers´purchase intentions based on mobile search behaviours. Flexible query answering systems 2015, 15–28, Springer International Publishing.

Zhang, Z. (2009). Feeling the sense of community in social networking usage. IEEE Transactions on Engineering Management, in press.

hao, L., Lu, Y., Wang, B., y Huang, W. (2011). What makes them happy and curious online? An empirical study on high school students Internet use from a sel determination theory perspective. Computers y Education, 56(2), 346–356.

hou T. (2013). An empirical examination of continuance intention of mobile payment services. Decision Support Systems, 54(2), 1085–1091.

hou, T. (2013). The effect of flow experience on user adoption of mobile TV. Behaviour y Information Technology, 32(3), 263–272.

hou, T. (2014). Understanding continuance usage intention of mobile internet sites. Universal Access in the Information Society, 13, 329–337.

hou, T. y Lu, Y. (2011). Examining mobile instant messaging user loyalty from the perspectives of network exernalities and flow experience. Computers in Human Behaviour, 27(2), 883–889.

hou, T., Li, H. y Liu, Y. (2010). The effects of flow experience on mobile SNS users'loyalty. Industrial Management y Data Systems, 110(6), 930–946.

www.ingramcontent.com/pod-product-compliance
Lightning Source LLC
Chambersburg PA
CBHW031416180326
41458CB00002B/388